Mariella Totaro e **Nicoletta Z.**

QUINTETTO ITALIANO

approccio tematico multimediale

livello avanzato

libro dell'insegnante

BONACCI

B

EDITORE

Per i materiali autentici usati nel testo si ringraziano vivamente:
Bell'Italia, Italiani, la Repubblica, Focus, Panorama

Printed in Italy

Bonacci editore srl
Via Paolo Mercuri, 8
00193 ROMA (Italia)
tel:(++39-6)68.30.00.04
fax:(++39-6)68.80.63.82
e-mail: bonacci@flashnet.it

Presentazione

È prassi tradizionale per chi si appresta a presentare un corso per l'insegnamento di una lingua, nel nostro caso l'italiano, dichiarare all'inizio dell'opera ed in maniera piuttosto estesa quali ne sono stati i principi ispiratori, le giustificazioni teoriche dell'approccio seguito, le modalità d'uso.

Quintetto italiano nell'anno in cui è uscito, il 1991, si è limitato invece ad offrire una presentazione assai scarna, che dava sinteticamente le seguenti informazioni-chiave: a) il tipo di utenti per cui era stato pianificato; b) l'approccio seguito e le considerazioni teoriche che ne avevano determinato la scelta; c) la struttura del corso; d) la descrizione delle componenti che lo costituiscono.

Questa laconicità iniziale, riflettendoci in retrospettiva, è stata essenzialmente determinata dalla convinzione che la validità o la non validità di una proposta didattica dipende dalla messa in atto della proposta stessa, dai risultati ottenuti, dalla valutazione dei materiali suggeriti fatta in relazione alle esigenze e al responso degli utenti.

Le riflessioni che seguono non si propongono dunque di espandere o approfondire gli argomenti solo delineati nella breve introduzione del 1991, ma piuttosto di fare alcune considerazioni integrative a posteriori che, ci si augura, contribuiscano a facilitare il raggiungimento degli scopi identificati preliminarmente per il nostro corso. Queste considerazioni non sono solo frutto della sperimentazione fatta con le nostre classi in questi ultimi anni, ma anche delle osservazioni e commenti di quegli insegnanti e studenti che in questo arco di tempo hanno condiviso il percorso di apprendimento-insegnamento tracciato in *Quintetto italiano*.

Testi di lettura e loro sfruttamento

I testi presentati nelle unità tematiche di *Quintetto italiano* sono rigorosamente autentici, in base alla convinzione che nella pratica didattica è fondamentale, appunto, l'autenticità dell'input. Ne consegue che le letture possono presentare difficoltà di varia natura. Tali difficoltà, pur avendo una componente obiettiva, possono essere acuite, in molti casi, dalla varietà dei livelli di competenza linguistica nell'ambito di una classe, in altri casi da problemi ricollegabili al rapporto dello studente stesso con l'attività della lettura di per sé. Non è da dare, infatti, per scontato che il leggere sia considerato da tutti "un piacere". In assenza di un rimedio unico e universale accenneremo ad alcune strategie possibili per alleviare quella che chiameremo 'disaffezione' verso la lettura. Innanzi tutto è sempre consigliabile con studenti adulti chiarire, caso per caso, le ragioni che giustificano lo sforzo di affrontare e comprendere un certo testo di lettura. L'età, gli interessi, le esperienze di vita degli studenti che formano il gruppo rappresentano il migliore punto di riferimento nella scelta dei temi da trattare (nulla vieta all'insegnante di fornire letture integrative - se e quando lo ritiene opportuno - sfruttando le tecniche didattiche proposte). Tenendo poi a mente che gli itinerari tematici non sono presentati in base ad una gradazione della complessità delle letture, si può suggerire agli studenti stessi di selezionare gli argomenti in base ai loro gusti o alle loro curiosità e, conseguentemente, determinare l'ordine in cui svolgerli. Basta una semplice votazione, in cui ciascun componente della classe indichi le proprie preferenze per stabilire democraticamente e con flessibilità la gerarchia dei temi. Per esempio, la presenza in una classe di alcuni studenti che seguivano un corso sulla letteratura femminile ha fatto dare la precedenza in un caso all' Unità sulle donne, mentre in un'altra occasione il dibattito relativo agli esperimenti nucleari francesi a Muroroa ha determinato la decisione di considerare anticipatamente l'Unità sull'ambiente, modificando l'ordine stabilito all'inizio dell'anno accademico.

Le attività di pre-lettura, cioè quelle operazioni miranti a dotare gli studenti delle coordinate storico-culturali necessarie a contestualizzare le tematiche proposte, si sono confermate indispensabili anche nei casi in cui non sono esplicitamente indicate. Ma, piuttosto che anticipare l'argomento trattato da un certo articolo, sembra preferibile lasciare che gli studenti formulino ipotesi su ciò che suggerisce loro il titolo. Questo gli dà poi modo di interagire spontaneamente, dopo avere letto il testo, per verificare la validità delle ipotesi che avevano formulato.

Comunque, l'obiettivo essenziale della lettura globale e veloce dovrebbe restare la curiosità di conoscere il contenuto del testo, e dovrebbe sempre precedere la fase successiva in cui viene richiesta invece una lettura approfondita e di dettaglio.

Va ricordato a questo proposito che, tenendo conto di quante conoscenze vengano chiamate in causa dall'attività della lettura, le attività di comprensione proposte si articolano in base a svariate finalità. Per esempio, la riesposizione e riformulazione guidata del contenuto del testo letto si rivela poi propedeuticamente indispensabile ad affrontare le attività delicate e complesse richieste dal riassumere. Parallelamente, il riorganizzare mentalmente le informazioni acquisite per poi trasferirle ad altri ha come fine ultimo quello di fare autoverificare all'interessato l'avvenuta comprensione del testo letto. L'insistenza su questo tipo di percorso mira, infatti, a sviluppare il tipo di disciplina mentale che favorisce poi la rielaborazione autonoma del materiale linguistico considerato e, al tempo stesso, potenzia strategie interpretative applicabili anche ad altre discipline.

Poiché la motivazione alla lettura risulta sollecitata dalla curiosità che lo studente ha per le tematiche trattate, è importante assicurarsi che il livello d'interesse si mantenga alto. A questo scopo raccomandiamo vivamente, avendone constatato la funzionalità, l'aggiornamento continuo dei contenuti di *Quintetto italiano* mediante il reperimento di nuovi materiali ricavabili da giornali, riviste, radio e TV. Basta creare una cartellina per ciascuno dei temi trattati nel testo ed arricchirla costantemente. Questo espediente permette anche di considerare gli argomenti in prospettiva storica e di seguire più da vicino l'evolversi costante della società italiana nel tempo. L'altro vantaggio del mettere insieme una documentazione integrativa è la possibilità di ampliare e diversificare il contenuto delle lezioni, anche quando l'uso dei materiali selezionati non venga finalizzato a specifici fini didattici. Per esempio, le recenti proposte di riforma dell'Università continuano ad offrire interessanti spunti di riflessione, discussione, nonché stimolo per gli studenti a fare domande per sapere come sono andate a finire le cose. Non solo, ma gli studenti vengono implicitamente incoraggiati a cercarsi di propria iniziativa informazioni integrative attraverso i mass media e - perché no? - sfruttando le crescenti risorse di *Internet*.

Materiali di ascolto e loro utilizzazione

Il materiale scelto è - di nuovo - tutto rigorosamente autentico. Esso rispecchia una certa gamma di varietà sociolinguistiche, con una prevalenza dello stile medio-alto trattandosi essenzialmente di registrazioni derivate dalla RAI.

Diversamente da quanto si era pianificato inizialmente, è stato riscontrato che è preferibile assegnare l'ascolto preliminare fuori dalla classe, in modo da permettere agli studenti di autogestire i propri ritmi. La collaborazione successiva all'ascolto individuale consente agli studenti di scambiarsi informazioni dopo l'esplorazione iniziale e quindi d'interagire spontaneamente per colmare eventuali lacune o vuoti d'informazione. Si allevia così l'ansia di quelli che hanno maggiori difficoltà nella comprensione dall'ascolto e che quindi si sentono rassicurati dal poter verificare il proprio operato con altri. Il fatto poi che lo studente torni in classe con appunti già alla mano per chiedere eventuali delucidazioni consente di risparmiare tempo e di concentrarsi su quelle parti dell'attività di ascolto che si sono dimostrate più complesse. L'intervento dell'insegnante sarà ancora una volta quello di facilitare le operazioni, ma sempre dopo avere lasciato il tempo ai componenti del gruppo di cercare di risolvere da sé le eventuali difficoltà incontrate.

Trascrizioni del materiale audio

Si è ritenuto opportuno fornire le trascrizioni del materiale audio per agevolare il recupero dei punti più problematici dei testi di ascolto. Al tempo stesso, l'insegnante ne può trarre vantaggio per isolare segmenti di sua scelta da sfruttare per attività di focalizzazione linguistica.

In alcuni casi, dopo avere svolto le attività suggerite, può essere utile fare riascoltare la registrazione in questione dando agli studenti copia della trascrizione. Questo consentirà loro non solo di riflettere con l'insegnante su aspetti specifici del parlato, ma anche di identificare la natura delle difficoltà riscontrate nella comprensione; per esempio, la rapidità del discorso, la maggiore o minore chiarezza della pronuncia, la specificità del lessico, l'influenza della connotazione regionale e via dicendo.

Produzione scritta e riflessione sugli errori

La produzione di testi scritti costituisce parte integrante di ciascuna delle unità didattiche di *Quintetto italiano*. Alcune delle attività sono guidate, altre libere; la struttura del corso implica che, prima di affrontare lo scritto, gli studenti abbiano avuto all'interno dell'Unità dei modelli e siano stati esposti al lessico necessario all'elaborazione del tipo di testo che viene loro richiesto.

Coerentemente all'intento di regolare il meglio possibile il contesto di apprendimento, è rilevante favorire il controllo dell'output linguistico attraverso ogni possibile strategia di collaborazione tra insegnante e studente durante la produzione dello scritto stesso. Più che la valutazione del prodotto finito, risulta particolarmente idonea, soprattutto con studenti adulti, l'interazione *durante* il processo di scrittura. Riconsiderare insieme la prima stesura di uno scritto, o meglio ancora del piano di ciò che s'intende scrivere, permette all'insegnante di agire da consulente, indicando possibili alternative e strategie per meglio esprimere ed organizzare le idee che lo studente intende manifestare. A questo proposito risulta utile, anche nella produzione collettiva (per esempio, Attività VI pag. 37), dare al gruppo la possibilità di sottoporre almeno una prima redazione del testo da scrivere. La bozza iniziale potrà essere restituita mettendo a fuoco da un lato come può esserne migliorato il contenuto a fini comunicativi, dall'altro dando specifiche indicazioni per la correttezza linguistica. Lo scritto in questione verrà poi valutato nella sua formulazione finale in modo da motivare lo sforzo fatto per migliorarlo.

A questo riguardo, la **scheda per la riflessione sugli errori** e il fornire alla classe uno schema con dei **codici che identifichino il tipo di errori** consente allo studente di riflettere sulla lingua e di cercarsi da sé l'alternativa corretta in base al codice indicato. L'autocorrezione guidata favorisce lo sviluppo della capacità di ricerca autonoma delle risposte ai propri dubbi grammaticali e, in ultima analisi, di gestire consapevolmente il proprio processo di apprendimento linguistico. Questo sistema dà anche modo di identificare eventuali aree di debolezza (il che avviene in particolare quando lo studente, dalla frequenza con cui ricorre un certo codice, constata di persona che lo stesso errore è ripetuto costantemente e quindi fa più attenzione ad evitarlo). Certo questa maniera di procedere comporta tempi più lunghi sia per chi impara che per chi insegna, ma a lungo andare contribuisce a migliorare la produzione scritta. Se è vero che nel processo di apprendimento della L2 gli studenti, soprattutto a livello avanzato, tendono a scoraggiarsi perché hanno l'impressione di essere bloccati ad un certo livello di competenza/incompetenza, sembra essere decisamente proficuo servirsi di quelle strategie che stimolano la riflessione e motivano l'impegno richiesto dallo scrivere in L2.

Lo schema per autocorrezioni mediante codici è fornito a pag. 284 del Libro dello studente. Naturalmente spetterà all'insegnante stabilire se e come servirsene o produrne una propria versione modificando l'originale in base alle proprie esigenze.

Chiavi degli esercizi grammaticali

Vengono fornite in questa nuova edizione di *Quintetto italiano* tutte le chiavi per gli esercizi dati nel *Quaderno di esercizi* con l'intento di facilitare il lavoro dell'insegnante. Le modalità d'uso di queste chiavi potranno variare a seconda delle esigenze di ciascuna classe. Si possono distribuire in fotocopia dopo avere assegnato gli esercizi, lasciare che gli studenti controllino ciascuno il proprio lavoro e suggerire, eventualmente, che chiedano spiegazioni nei casi in cui la correzione non è chiara, cioè quando gli studenti stessi non si rendono conto del perché è stata suggerita una certa soluzione. Alternativamente, il confronto degli esercizi può avvenire in classe, dividendo gli studenti in gruppetti, lasciando che interagiscano tra di loro nel confrontare ciò che hanno fatto, prima di fornire loro le soluzioni. O ancora, si possono trasformare in trasparenti le fotocopie di ciascun set di esercizi, proiettarli mediante la lavagna luminosa e discutere collettivamente tutto ciò che può essere necessario.

Inutile ribadire che, poiché ciascuna Unità di *Quintetto italiano* mette a fuoco argomenti grammaticali o sintattici vari, starà all'insegnante usare gli esercizi come strumento per scoprire - dopo che gli studenti li hanno affrontati - se e quali aree hanno bisogno di delucidazioni, revisione o ulteriori attività di rinforzo, oppure, in alternativa, trarre spunto dagli argomenti grammaticali considerati negli esercizi per affrontare o approfondire preliminarmente i punti grammaticali, sintattici o discorsivo-testuali in questione.

Attività integrative

Sono state inserite in questo libro per l'insegnante alcune attività addizionali da assegnare all'interno del percorso seguito in ciascuna delle Unità di *Quintetto italiano*. Si tratta, in linea di massima, di **letture integrative**, che uno (o in alcuni casi più di uno) studente preparerà senza avere specifiche consegne da parte dell'insegnante oltre quella di fornire ai compagni un resoconto informativo e possibilmente accurato del contenuto del testo che gli è stato affidato. Separatamente viene distribuito al resto della classe uno schema in base al quale prendere appunti durante l'esposizione orale del/della compagno/a di classe. Lo scopo di questo tipo di esercitazione è duplice: da un lato, si crea l'occasione di individualizzare la comprensione della lettura, che nella maggioranza dei casi è strutturata come attività di gruppo, responsabilizzando e stimolando così chi vi è coinvolto; dall'altro, attraverso la struttura della **scheda per appunti** si cerca di attivare, dopo l'esposizione orale, la formulazione spontanea di domande per colmare i vuoti d'informazione o chiarire punti non capiti, favorendo così l'interazione volta alla 'negoziazione del significato'.

Una variante di questo tipo di attività è quella di lasciare che gli interessati - come suggerito anche a proposito dell'integrazione e aggiornamento dei contenuti di cui si è parlato in precedenza - ricerchino da sé informazioni integrative su temi specifici e di loro interesse e riferiscano poi agli altri. In questo caso l'insegnante assume il ruolo di genuino ascoltatore desideroso, come ogni componente del gruppo, di sapere il più possibile sull'argomento presentato. Il suo intervento 'alla pari' potrà induttivamente rappresentare un modello nell'attività di formulare domande appropriate al contesto.

Test di verifica

La verifica dell'apprendimento di una L2 è un'operazione complessa e delicata: non esiste infatti una sola e generalizzata situazione d'insegnamento ma tante realtà particolari, ciascuna delle quali può implicare problemi diversi e quindi maniere diverse di pianificare la valutazione dell'apprendimento. *Quintetto italiano*, per la sua struttura e per le posizioni teoriche che lo hanno ispirato, comporta interazione e cooperazione continue tra chi apprende e chi insegna. Ne consegue che il progresso dello studente è oggetto di ricorrente duplice monitoraggio: l'insegnante identifica attraverso la produzione dell'allievo le difficoltà e gli ostacoli che si frappongono al suo progresso; lo studente, acquistandone gradualmente coscienza, viene a sua volta aiutato e incoraggiato a superarli durante il processo di apprendimento. È in atto dunque un testing *informale* continuo, che costituisce parte integrante dei percorsi didattici suggeriti, così che ciascuno studente è informato regolarmente sul proprio profitto durante tutto il ciclo di studio prescritto. Le prove *formali* , amministrate invece alla fine dei periodi determinati dall'università, rappresentano soltanto parte della valutazione che ha luogo durante il corso (circa il 30%). Poiché sono forniti qui alcuni test-esempio di tipo formale, da amministrare appunto secondo i calendari delle istituzioni, sarà bene comunque chiarire in che modo sono stati pianificati e strutturati.

Fondamentalmente i presupposti sono stati i seguenti:

1. Poiché tutte le abilità linguistiche che *Quintetto italiano* si propone di sviluppare sono valutate costantemente nel corso dell'anno e poiché nell'ambito dei nostri programmi il leggere e lo scrivere hanno notevole rilevanza, considerato anche il limitato numero di ore a nostra disposizione, i test sono incentrati essenzialmente su tali abilità.

2. Solo le parti di programma svolto sono state abbracciate nel testing in questione. I test suggeriti sono dunque ricollegabili alle tematiche affrontate nell'ambito delle corrispettive Unità e riflettono fedelmente il tipo di attività in cui gli studenti hanno avuto modo di cimentarsi durante le lezioni.

3. Poiché nell'approccio seguito per la presentazione della grammatica prevale l'aspetto pragmatico/comunicativo, la valutazione dell'apprendimento è stata coerente a questo principio. Tuttavia, nei casi in cui determinati argomenti grammaticali siano stati messi specificamente a fuoco, essi sono poi stati valutati di per sé.

4. Dovendo essere somministrati a intervalli semestrali (secondo il nostro calendario accademico) i test si prefiggono di fornire informazioni riguardo al profitto degli studenti su un certo arco di tempo per ciò che concerne il materiale presentato nel programma.

In linea di massima i test presentati sono costituiti da prove soggettive, cioè da domande/consegne che implicano una produzione libera da parte del candidato e, corrispettivamente, una misurazione in base a criteri personali da parte di chi valuta. In alcuni casi gli svantaggi offerti dalle risposte aperte sono stati affrontati adottando nella correzione delle procedure che identificano aspetti rilevanti da considerare (ad es. coerenza e coesione, sintassi, ricchezza/povertà lessicale, ecc.) ed attribuiscono un valore specifico ed un punteggio predeterminato. I **punteggi** attribuiti a ciascuno dei test suggeriti sono indicati alla fine della sezione.

Lungi dal suggerire che i test che proponiamo siano esaustivi o che si adattino a qualsiasi tipo di situazione, li offriamo come potenziali strumenti di valutazione addizionale - se non alternativa - a quelli di cui ciascun insegnante decida di servirsi nel contesto delle proprie classi.

Appendice

Data l'importanza rivestita dall'abilità di scrittura in *Quintetto italiano* e il numero considerevole di prove scritte in cui gli studenti devono cimentarsi, si è ritenuto opportuno inserire qui delle note su **come andare a capo** a fine riga e sulla **punteggiatura**, da fornire agli studenti che ne abbiano bisogno.

Come abbiamo sottolineato preliminarmente, gli appunti-suggerimento forniti in questo libretto sono frutto di riflessioni a posteriori, nostre o di chi ha usato *Quintetto italiano*. Mentre il nostro obiettivo ultimo era ed è rimasto quello di fornire uno strumento adatto ad agevolare l'apprendimento e l'approfondimento della lingua italiana e del contesto culturale che essa media, ci auguriamo che, attraverso le proposte o le modifiche suggerite, questo strumento risulti migliorato e come tale più funzionale per chi intende servirsene.

Mariella Totaro e Nicoletta Zanardi

TRASCRIZIONI
DEL MATERIALE AUDIO

1. VACANZE

Il turismo in Italia alla fine degli anni '70
Interviste ad agenti di viaggio

Dom. Ma in questo momento quali intinerari, quali viaggi invernali sono preferiti dai turisti italiani?

Risp. L'Estremo Oriente, l'India, l'Egitto che ha sempre trovato una forte richiesta, anche le crociere, perché ad esempio la crociera dell'Eugenio C ormai è quasi/è quasi satura a livello di prenotazioni, ma anche le altre crociere invernali nel Mediterraneo e in particolare per Natale e Capodanno, attualmente sono in fase di esaurimento.

Dom. Ecco parliamo di prezzi, naturalmente sono sempre più salati.

Risp. Sì, i prezzi indubbiamente sono più alti. Per quanto riguarda il Parigi si va sulle, per le combinazioni di una settimana con per Capodanno, sulle 300.000 lire con partenza da Roma, però si può fare la combinazione anche in treno con partenza da Milano. I viaggi intercontinentali, be' lì ovviamente il discorso è anche più impegnativo. Non so, l'India, si va 12 giorni sul milione, 960.000 lire circa. Non so, gli Stati Uniti 15 giorni un milione e mezzo, sono circa 100.000 al giorno ecco di media su questi viaggi.

Dom. Ma, un turismo economico non esiste più?

Risp. Il turismo economico forse non esiste più, indubbiamente però esistono delle combinazioni per gruppi familiari convenienti, come possono essere le settimane bianche. Però il livello di vita dell'italiano medio ormai è aumentato, per cui le richieste che ci pervengono ci obbligano in un certo qual modo a fare una programmazione che si adatti a questo nuovo standard.

Dom. **Domenico Milazzo** è il direttore commerciale di una delle più note agenzie di viaggi della capitale che è in Piazza Mignanelli. È vero che ci sono buone previsioni per la stagione turistica invernale, perché gli italiani viaggiano sempre di meno con la fantasia e sempre di più con l'aereo?

Risp. Sì, le previsioni di quest'anno dovrebbero essere buone, anzi sono buone, anche se in rapporto alla stagione invernale del '77 e '78 i prezzi sono aumentati di circa il 10 / 20%.

Dom. Per Capodanno e Natale avete già ricevuto molte prenotazioni?

Risp. Abbiamo ricevuto parecchie prenotazioni. Ora, per prenotazioni si intende naturalmente aver ricevuto una cauzione o, se vogliamo, un deposito che poi permetterà di perfezionare il viaggio entro la fine di novembre.

Dom. E le destinazioni / i paesi che interessano di più, sono sempre gli stessi o ci sono intinerari nuovi e tipi di viaggi nuovi?

Risp. Ma, io direi che le destinazioni più richieste sono sempre le solite; non so, l'Egitto il Giappone, l'Indonesia, il Sud America, eccetera. Ora, quest'anno però devo dire che è stata inaugurata una nuova/un nuovo programma che è chiamato linea Oriente e sono dei tours componibili. Una formula veramente bella perché permette un soggiorno di nove giorni a Deli, in India, ad un prezzo che ritengo ottimo, in quanto si tratta di sistemazioni in albergo, in alberghi di lusso e, dicevo, un prezzo che raggiunge le 650.000 lire soltanto.

Dom. Perché componibili?

Risp. Componibili perché, una volta iscritti al viaggio base si può, mediante un supplemento che va da un minimo di 85.000 lire ad un massimo di 180.000 lire, fare altri sei itinerari, cioè, a scelta naturalmente, andare a Srinagar, a Jaipur, Bombay, a Agra, a Banares, a Katmandu e anche a fare Deli, Katmandu e Banares insieme.

Dom. Durante l'inverno i turisti preferiscono i viaggi brevi o i viaggi lunghi?

Risp. Be', direi che una buona parte, 60 / 70%, preferiscono i viaggi brevi, cioè da 7 a 10 giorni; gli altri, e ovviamente a seconda della disponibilità, optano per dei viaggi da 15 a 20 giorni.

Dom. Qualche prezzo di viaggi invernali che organizzate per i prossimi mesi?

Risp. Allora, parliamo innanzi tutto di viaggi che si possono, soggiorni che si possono effettuare in Italia: Firenze 2 giorni 38.000 lire, Taormina 7 giorni 140.000 lire e altra città, per esempio le Puglie, con circa 30.000 lire al giorno si può avere, oltre a una macchina da noleggio a disposizione, la pensione completa in alberghi di ottima categoria.

Dom. A quanto pare i grandi viaggi interessano molto tutti. C'è chi va molto lontano anche se per pochi giorni e spendendo tanti soldi. Certo le motivazioni per questi viaggi possono essere molte. Noi abbiamo qui invitato un esperto di questi viaggi, **Alberto Giuliano** di **Mondorama** che ha girato tutto il mondo. Cosa può dirci?

Risp. Cioè io mi riallaccio un attimino al discorso che faceva prima il collega precedentemente per il turismo così in Italia a prezzi economici. Noi come organizzazione di viaggi in Italia sulla neve, le posso dire che per 17 giorni sulla neve noi partiamo da un prezzo base che è sulle 338.000 lire e che con circa 4.000 posti letto dove registriamo il quasi tutto esaurito. Perciò, non è vero che non esiste più un/un turismo a basso costo e naturalmente cosa è successo? Che le esigenze dell'ultimo momento, cioè degli ultimi anni ci ha costretto anche a noi, come organizzazione prettamente italiana col mare e con la montagna, a organizzare e programmare viaggi al medio raggio e lungo raggio. Questi viaggi organizzati da noi, che sono, diciamo che partiamo dal Medio Oriente e andiamo a Ceylon, Maldive, eccetera, in alcune località già abbiamo registrato il tutto esaurito...

Dom. Abbiamo constatato quindi che i grandi viaggi interessano molto, ma e, e che c'è il tutto pieno. Vero? Io volevo analizzare un attimino con lei, cioè queste, le motivazioni di questi viaggi, di questi grandi viaggi.

Risp. Ma le motivazioni possono essere anche di carattere socio-economico in ogni caso, perché in un paese che vive un momento di crisi come il nostro praticamente la gente non è portata più al risparmio, non compra più appartamenti, ma decide di spendere i suoi soldi in un bellissimo viaggio. Diciamo che diventa anche una questione culturale che la gente, visto che non c'è nessuna possibilità di poter ricavare del profitto dai soldi che ha, li investe in viaggi, ecco così si fa anche una cultura su quello, sui paesi esteri e sui paesi nuovi.

Dom. La gente però che ha della disponibilità. Ma per esempio, i giovani, gli studenti, anche se tentati dai grandi viaggi, come tutti forse, credo, non li possono fare o forse sì. Adesso...

2. LUOGHI

La sagra del pane

Bene, diciamo sulla mostra credo di avere/di avere finito. Possiamo parlare della/della recente manifestazione che è stata organizzata dal comune di Lipari e dalla associazione Terme di San Calogero a Quattropani, appunto nell'isola di Lipari.

È stata una manifestazione molto interessante; per la prima volta, infatti, è stata organizzata la prima sagra del pane. Ecco, il pane fatto in casa, come si faceva una volta. Infatti tutti gli abitanti di Quattropani si sono in questi giorni prodigati per/per preparare dei quintali di pane, addirittura quattrocento quintali/quattro quintali di pane, cioè 400 chili di pane. Che poi sono stati distribuiti a tutti i partecipanti alla festa che erano veramente numerosi e che è stata organizzata nel Santuario della Madonna della Catena, sempre a Quattropani. Ci sono stati vari/vari giochi, ci sono stati vari momenti molto interessanti, cioè dal Cantagiro eoliano per i bambini, alla/alla sfilata in costume tradizionale agricolo, con i relativi attrezzi agricoli per/per le vie di Quattropani. Poi sono stato invitato per una mostra etno-fotografica sempre sul/su come si faceva il pane una volta e quindi ho allestito io stesso una mostra di/di foto nella stessa piazza e sono stati proiettati addirittura dei documentari su come si fa il pane in casa e quindi poi ci sono state alcune premiazioni in questa/in questa sagra, che realmente ha raccolto numerose persone e ha suscitato anche qui un vivo interesse.

Dom.   Potresti descrivere in modo molto, così in poche parole, per chi non appunto ci sta ascoltando e non proviene da/da quelle, da/dalle isole Eolie, come viene fatto il pane, da quelle parti?

Risp.   Certo. Be', devo dire che oggi i forni eoliani sono quasi tutti inutilizzati e solo poche famiglie ne fanno ancora uso; molti infatti sono stati distrutti, quelli rimasti sono spesso visibili accanto alle abitazioni abbandonate e anche all'interno delle case. Però alcuni riprendono, cioè lasciano ora questi forni, perché anche una volta alla settimana, specialmente a Quattropani e Pianoconte e anche nelle altre isole, pure a Salina stessa, alcune famiglie lo fanno. Il lavoro per il pane era, diciamo, è metodico e anche un po' faticoso: nel forno proprio vengono prima bruciati gli arbusti, i rami secchi, i cosiddetti 'mattuli', che sono i rami secchi della vite e il forno viene portato all'/all'adeguato calore occorrente; poi dentro la madia di legno, cosiddetta 'marta', tramite lo staccio, cioè 'u clivu', viene setacciata la farina sulla quale si versa acqua tiepida con lievito sciolto e un po' di sale, poi si lavora la pasta con le mani, cioè si 'scanna', io uso i termini eoliani, fino a quando la stessa diventa morbida; si ricavano quindi le varie forme tradizionali: i 'catanete', i 'mucciddari' i 'spizzitedda', i 'gastette', eccetera, che vengono poi ulteriormente lavorate. Quindi questi pani, questa pasta del pane, si depongono dentro il forno, la cui volta interna è formata da pietre nere ricce cosiddette, che sono come la spugna, così come dicono i vecchi; alla base ci sono invece i 'trinchi', cioè pietre lisce appiattite molto solide, in genere di basalto. L'apertura del forno è a circa un metro dal suolo, i suoi bordi sono delimitati da pietre di forma quadrangolare. Ecco, intanto il pane termina la cottura. La famiglia e gli amici sono raccolti davanti al forno, in attesa di assaggiare questo pane ancora caldo che viene 'cunzato', cioè condito, con sale e olio e/e anche il pomodoro.

Tre miliardi per salvare Pompei

Tre miliardi di lire per impedire che Pompei muoia una seconda volta. Lo stanziamento per opere di manutenzione, restauro, salvaguardia e valorizzazione del complesso archeologico più famoso d'Italia è stata decisa dal Senato il 4 dicembre scorso. La minaccia per Pompei non viene questa volta dal Vesuvio, che da decenni è inattivo, ma dall'incuria degli uomini e dalla insufficienza delle leggi di tutela.

Una seconda volta non è del tutto esatto. Se Pompei, per ipotesi, andasse di nuovo in rovina, sarebbe questa la terza distruzione. Quando, infatti, nel 79 D.C. sotto l'impero di Tito, la fiorente cittadina campana fu sepolta insieme con Ercolano e Stabia dalle ceneri del Vesuvio, stava appena risorgendo dalle rovine di un terribile terremoto che 16 anni prima l'aveva quasi rasa al suolo.

La città era rinata dopo il terremoto più bella e più ricca; nuovi monumenti come il tempio di Iside e ville ridenti erano stati edificati sullo sfondo della fertile campagna di vigneti mentre il lavoro aveva ripreso a fervere nelle tintorie e nei forni, nelle fabbriche di 'garum', la pregiatissima salsa di pesce, rinomata in tutto l'impero. Le strade, fiancheggiate da botteghe e da locali pubblici simili ai nostri bar, formicolavano di gente indaffarata o riunita in crocchi a parlare dei fatti del giorno e di politica. La politica, infatti, era molto attiva nella piccola colonia romana, specialmente quando ci si avvicinava alle elezioni del consiglio municipale. Tracce delle accese lotte elettorali rimangono ancora nei manifesti dipinti a caratteri rossi sull'intonaco dei muri. Era insomma una città attiva e lieta quella che fu distrutta dal Vesuvio in un giorno.

Accadde il 24 agosto del 79. L'eruzione fu improvvisa e violentissima, una pioggia di cenere e di lapilli si rovesciò sulla campagna e sulle case, mentre l'uragano e il vento imperversavano. Alcuni tentarono di fuggire lasciando gli schiavi in catene destinati ad un'orribile morte, altri preferirono rintanarsi nelle stanze più interne, ma morirono travolti dalle macerie dei tetti crollati sotto il peso della cenere, o rimasero intrappolati perché la cenere stessa aveva ostruito ogni via d'uscita. Anche i gas emanati dal vulcano mieterono molte vittime e ci fu inoltre chi, ritornato sul posto dopo la catastrofe, morì nel vano tentativo di recuperare gli oggetti preziosi perduti.

Col tempo, le mura, che ancora sporgevano sul mare di cenere, furono livellate da ulteriori crolli o dall'opera dell'uomo. Passarono i secoli e di Pompei non rimase più traccia nella pianura desolata, ma intanto l'involucro cinereo si consolidava lentamente fissando, come in un calco, i più piccoli particolari della fisionomia della città. Quell'immenso tesoro sepolto rimase del tutto ignorato fino a quando, tra il 1595 e il 1600, l'architetto Fontana, scavando un canale di derivazione per le acque del Sarno, incontrò iscrizioni e pareti affrescate.

L'inizio di veri e propri scavi avvenne nel 1748, sotto il re di Napoli Carlo III di Borbone. Si trattò piuttosto di un disordinato frugare tra le rovine per trovarvi opere d'arte e fu soltanto dal 1860, sotto la direzione di Giuseppe Fiorelli, che il disseppellimento di Pompei prese un'andatura regolare e fu attuato con metodi scientifici. In tempi più recenti, nel 1960, è stata iniziata l'esplorazione di una vasta necropoli vicino a Porta Nocera e attualmente si ritiene che i quattro quinti dell'area di Pompei siano allo scoperto.

Ma ecco profilarsi una nuova rovina per la città riportata alla luce. Il complesso archeologico si sta deteriorando per l'incuria degli uomini, l'insufficienza delle leggi di tutela, l'esiguità degli stanziamenti, la mancanza di personale di custodia. I furti di oggetti d'arte si moltiplicano, il trascorrere del tempo lascia segni sempre più profondi sulle antiche mura. La necessità di un intervento immediato era stata più volte denunciata, senza che mai si giungesse a provvedimenti concreti. Ora finalmente il Senato ha approvato, come si è detto, una legge che può considerarsi un primo passo per la salvezza di Pompei.

Il finanziamento di 3 miliardi a favore della Sopraintendenza alle Antichità di Napoli e Caserta dovrà servire, tra l'altro, alla recinzione del complesso archeologico, attualmente incompleta, al proseguimento dei lavori di scavo, all'ampliamento dell' 'antiquarium', l'edificio che raccoglie una documentazione dello sviluppo storico della città, oggetti della vita quotidiana, calchi di uomini e di animali nella posizione assunta al momento della morte e la cui forma fu conservata dallo strato di cenere indurita che si avviluppò intorno ai loro corpi. I tre miliardi serviranno dunque alle opere più urgenti. Molte altre ne resteranno da fare, ma l'importante è che si sia cominciato concretamente a intervenire, per la salvezza di un patrimonio che non è soltanto italiano, ma di tutto il mondo civile.

5. DONNE

Donne in Italia

Dom.   Qual è la situazione della donna in Italia, cioè dopo gli anni '70 del grande movimento delle/delle grandi manifestazioni di massa? Cos' è successo? Le donne sono tornate in famiglia, oppure si sono organizzate in maniere diverse?

Risp.   Eh, io direi che si sono organizzate in modo diverso, ma non sono tornate in famiglia, tornate in famiglia così come vorrebbe la Democrazia Cristiana, proponendo per tutte le donne il part-time, mezzo tempo nel lavoro, in modo da poter conciliare il ruolo di madre, il ruolo di lavoratrice, ma senza avere nessuna prospettiva di carriera nel lavoro, perché di fatto il part-time è un modo per, certo per guadagnare un pochino, ma non si può sicuramente pensare di fare carriera. Le donne, invece, oggi in Italia lavorano più di prima, cercano lavoro più di prima, lavorano in settori...hanno/sono avanzate di carriera, se così si può dire, all'interno dei loro settori. Vi sono anche situazioni negative, penso a tutto il lavoro nero che c'è in Italia, ma anche lì si tratta di giovani ragazze che, pur di lavorare, si sottopongono a situazioni difficili, come quelle del/del lavoro nero. Le donne vanno a scuola più di prima, vanno all'università, fanno meno figli, in questo modo cercando di conciliare più cose nella loro/nella loro vita. Le donne italiane vogliono anche fare figli, gli si pone anche questo problema, anzi direi che si può dire così: che negli anni '70 volevamo il diritto anche a non essere madre, facendo una politica di contraccezione e quindi dando questa possibilità alla donne. Oggi diciamo va bene questo, però vogliamo anche il diritto a essere madri e quindi il diritto ad avere servizi da parte dello Stato, da parte dei governi, servizi sociali, politiche che consentano alla donna di lavorare, ma anche, se lo desidera, se lo vuole, di poter essere mamma. Si organizzano in molte forme, forme diverse, forme più tradizionali, ma anche in forme più nuove. La cosa più interessante è che in tutte le associazioni di categoria, in tutti i movimenti per l'ambiente, per la pace, i tanti movimenti che in questi ultimi anni sono nati in Italia, in Europa, ma nel nostro paese c'è una forte presenza di donne, molto attive all'interno di questi movimenti.

Verginità come nuovo valore per i giovani

Il numero di telefono per le ascoltatrici, ascoltatori che vogliono intervenire alla nostra trasmissione è 36 12 241, 06 per chi chiama da fuori Roma e dunque la parola a Betta Girolami. Buongiorno.

Buongiorno/buongiorno a tutti.
Oggi parliamo di verginità, nel tentativo di capire se questa ha assunto davvero un nuovo valore per i giovani. Ci ha incuriosito un dato di una ricerca condotta recentemente dall'AIED, secondo cui l'età del primo rapporto sessuale si sarebbe alzata, passando dai 14-15 anni della fine degli anni settanta ai 16-17 dell''85-'86. Evidentemente una diversa condotta sessuale degli adolescenti, anche se di una minoranza forse degli adolescenti, doveva corrispondere a una nuova importanza attribuita alla verginità, forse anche per reazione a un periodo precedente in cui la non verginità era stata quasi una scelta obbligata per molti. Nei giorni scorsi un ascoltatore ci segnalava la sua esperienza in una scuola magistrale d'Abruzzo, ci diceva fino all''80 in una classe quarta magistrale due studentesse su tutto il numero delle/delle ragazze difendeva la verginità come valore, in questi ultimi anni il rapporto si è quasi capovolto. Abbiamo cercato quindi di mettere a fuoco qual è questo nuovo valore della verginità, raccogliendo delle testimonianze tra studenti liceali e universitari, e, è bene precisarlo, abbiamo scelto di dare la parola proprio a loro che l'hanno scelta questa verginità come nuovo valore, quindi inviterei le ascoltatrici e gli ascoltatori che non sono d'accordo poi su questa posizione, a intervenire attraverso il telefono.
Sentiamo la prima testimonianza.

A.   INTERVISTA A GIULIANO

Giul.   Sono Giuliano ho 18 anni e sono vergine.

Dom.   Per quale motivo hai fatto questa scelta, se è stata una scelta?

Giul.   In realtà non è stata una vera e propria scelta, è un fatto che diciamo m'è mancata l'occasione, però c'è da sottolineare che comunque il problema me lo sono posto; non è che, diciamo, se mi fosse capitata l'occasione, sarei andato diciamo così senza guardare, senza pensare a nulla. Comunque c'ho/c'ho avuto un momento di riflessione. Per me il problema della verginità è un problema che esce da quello che è, diciamo, la logica religiosa, moralistica generale, un po' all'antica. Il problema della verginità per me è semplicemente un problema di rapporto tra me e il mio corpo e, diciamo, tra me e il mio corpo e i miei sentimenti. Nell'eventualità che uno perda la verginità o che la mantenga, se uno la perde la deve perdere nel momento in cui perderla significa avere un connubio molto forte tra quelli che sono i suoi sentimenti, la sua anima e il suo corpo. Cioè, nel momento in cui uno prova veramente un amore in cui l'atto sessuale non è/non è altro che semplicemente un/un ampliamento di questo. L'atto sessuale nel/in cui si perde la verginità non dev'essere un atto in sé e per sé, dev'essere comunque ricollegato a un sentimento che dev'essere profondo.

Dom.   Quindi la verginità è strettamente collegata all'amore?

Giul.   Sì, sì.

Dom.   Pensi che la verginità sia un dono da fare alla persona amata?

Giul.   No, questo no, perché questo più che altro ricalca degli schemi antichi, cioè una persona, non vedo perché una persona si debba sentire felice nell'essere il primo. Cioè, essere il primo, il secondo o l'ultimo, l'intensità con cui uno fa, diciamo, fa l'amore con una persona, è sempre la stessa per lo stesso motivo per cui ce la fa, per cui fa l'amore con questa persona.

Dom.   Alla tua ragazza chiederesti di essere vergine?

Giul.   No, non penso. Non/non sarebbe una cosa necessaria.

Dom.   Ma allora, spieghiamoci meglio, il valore di questa verginità, esiste o no?

Giul.   Esiste solamente per se stessi, non per gli altri.

Dom.   Quindi è una forma di preservazione di se stessi?

Giul.   Sì, è una forma, la verginità è solamente, come ho detto prima, un rapporto di sé con il proprio corpo. Cioè, se io sono vergine, se scelgo di essere vergine non è per un altro, è per, è solamente per me.

Dom.   Con i tuoi amici parli di questo?

Giul.   Sì, qualche volta mi è capitato, però c'è differenza tra parlarne diciamo apertamente, magari in un gruppo, così con parecchi amici e parlarne, per esempio, con una o due persone, magari sono proprio di un gruppo quelli con cui ti ritrovi meglio. Riscontri delle differenze negli stessi atteggiamenti e negli stessi discorsi degli altri. Per esempio, anche nel/nel/nel valore che i ragazzi e ragazze danno alla verginità c'è una differenza tra/tra il valore che diciamo, nell'insieme, quando si è tutti insieme gli danno i ragazzi e il valore in cui gli danno le ragazze. Per esempio, una ragazza è una cosa appunto un po' all'antica, un po', per esempio ammettere che una ragazza non è vergine è un po' come per lei mettersi in cattiva luce, per cui non lo ammetterebbe mai, o comunque avrebbe dei problemi, se non proprio stesse in un gruppo in cui/con molto affiatamento. Invece per un ragazzo il problema quasi non deve esistere, cioè la verginità be' appena capita, va via così.

Invece, parlando diciamo a quattrocchi con/con molti di loro, riscontri che il problema è un problema che veramen/cioè comunque viene sentito, nel senso che a quel punto non diventa più tanto il fatto che la voglio perdere perché mi va di divertirmi una sera. A quel punto diventa un/l'immagine, non è più tanto dell'atto sessuale, in quanto dell'atto sessuale con una persona, per cui, cioè, viene fuori il pensiero che la/la perdita della verginità deve essere collegata comunque a un amore.

Dom. È difficile sostenere il ruolo di vergine fra i ragazzi?

Giul. Dipende a che età, perché ...

Dom. Alla tua età?

Giul. Alla mia età, be', non è tanto difficile, perché io credo che ci sia tanta gente che dice di non esserlo che poi lo è. E magari dice di non esserlo semplicemente per darsi un nome, un'aria, così.

Dom. E a livello di desiderio, a livello di rapporti con gli altri, ti costa questa situazione?

Giul. No, sarà che io non/non ho mai imposto discriminazioni che passino sulla/sul piano sessuale a nessuno né a me stesso. Per cui non mi sento né inferiore né superiore a nessuno.

B.   INTERVISTA A GABRIELLA

Gabr. Ecco. Ecco, mi chiamo Gabriella e ho 21 anni, non sono un credente e sono vergine. La mia scelta risale fin a quando ero bambina, poiché forse ho sempre abbastanza visto il matrimonio come una soluzione finale. Forse perché me l'/me lo hanno sempre posto di fronte i miei genitori; è una scelta abbastanza riflettuta, credo anche abbastanza matura, che comporta sicuramente delle rinunce e dei sacrifici e non è così semplice.

Dom. Da dove nasce questo tuo desiderio di mantenere la tua verginità fino al matrimonio?

Gabr. Eh, nasce da questo bisogno di non, di non rovinare con una persona, di non rovinare quel momento con una persona che magari, pur amandola, poi se ne va completamente dalla mia vita. Cioè, scompare e io magari non la vedo più. Sì, rimane il ricordo, però mi rimarrebbe come un ricordo amaro. Davanti agli altri non/non ho particolari atteggiamenti. Spesso non so neanche se gli altri sappiano di me, ehh, so comunque che mi dà molto fastidio sentire qualche ragazzo così, ogni tanto, affermare qualcosa del tipo: "la mia ragazza deve essere pulita, seria, magari addirittura non truccata e/e deve essere vergine". Non sono d'accordo, in quanto sicuramente non è per quello che, secondo me, una donna, insomma vicino al 1990, dovrebbe essere vergine. Dovrebbe essere una sua scelta personale della sua vita.

Dom. Per te quindi verginità non è sinonimo di castità, di purezza?

Gabr. No, no assolutamente.

Dom. Tu pensi che la verginità sia una prova d'amore?

Gabr. Guarda, secondo me, no. Io almeno non la sento così. Per un uomo che attende la propria donna come vergine, sì, lui la vedrà sicuramente come una prova d'amore e una sicurezza di/di non precedenti tradimenti e forse pure non futuri. Per me, no. È una cosa che sento io come mia e non davvero prova d'amore. Una mia/forse una mia sicurezza.

Dom. Secondo te è un valore solo per le donne?

Gabr. No, deve essere un valore anche per gli uomini, ma non della donna/della loro donna, un valore della propria verginità maschile.

Dom.   E questa è una situazione che tu riscontri tra i tuoi amici?

Gabr.   Guarda, io non riscontro questa situazione. Però, so di tanti ragazzi che mi raccontano la loro prima volta in maniera molto amara e credo che quindi, non ammettendolo pubblicamente ma solo a se stessi, anche loro hanno un ricordo della prima volta.

Dom.   Tu hai un ragazzo adesso?

Gabr.   Sì, sì, da un anno.

Dom.   E lui che cosa pensa di questa tua posizione?

Gabr.   Dunque, prima di tutto, insomma, non è che sia un santo, voglio dire. Dunque, lui pensa che sia giusto se naturalmente questo non ci porta a sopravvalutare il problema, cioè che nel momento, magari, in cui poi magari da sposati lo farai, la cosa non diventi una cosa eccessiva, un momento terribile da affrontare finalmente giunto. Però, lui è d'accordo con me, insomm/noi ora come ora stiamo cercando di affrontare il nostro comportamento, il nostro carattere, le nostre idee. Stiamo cercando di andare d'accordo su molti, su tutte le problematiche che portano più o meno a, due persone a lasciarsi. Quindi, io penso che tranquillamente negli anni prima del matrimonio con la persona che si ama si possono affrontare tutti i problemi sentimentali, tutte le idee, che sono altrettanto se non di più importanti e poi, sicuri che ci si ama, che quella è la persona più giusta, affrontare dopo un lato/il lato sessuale che magari poi quando ti ami è forse più facile, hai più fiducia nella persona. Considerando anche che l'uomo nei primi periodi che ti conosce è sempre angosciatissimo, secondo sempre il mio parere, è sempre angosciatissimo dall'idea di dover dare il meglio di sé. "Oddio ce la farò? Sarò all'altezza?" Invece secondo me con una persona che conosce da vario tempo, con una persona che/di cui ha fiducia sicuramente questo problema "sarò all'altezza? Oddio che penserà lei di me?" non si pone più.

Dom.   Il tuo ragazzo è vergine?

Gabr.   No, lui non è vergine. Però, io so che da quando è con me non/non mi tradisce, cioè lui mi ama, quindi son sicura che, non soffre di questa cosa, non sta facendo un sacrificio enorme.

Dom.   Ecco, a te non costa niente essere vergine?

Gabr.   A me costa, costa eccome. Cioè, credo che le sante non esistano. Costa soprattutto, guarda, forse quando sento le mie amiche che non lo sono, che non lo sono più, però guarda quando le vedo che si lasciano con un ragazzo e soffrono e, e così, mi viene da pensare, però in fondo io ho una parte in più. So che posso avere un ricordo più bello di quello loro quando sarà il momento. Lo avrò con la persona poi concreta che ho vicino, non che non vedo più per sempre sta' persona.

Dom.   Non ti costa anche a livello di desiderio?

Gabr.   Sì, sì, ti ripeto, mi costa, mi costa. Solo che, solo che, oltre al fatto insomma che ecco, ripeto, non è che manco ci si bacia. Mi costa, però so che questo tempo non è sprecato; cioè, forse rinunciando a qualcosa ora da un punto di vista sessuale e cercando di amarci, di andare sempre più d'accordo da un punto di vista sentimentale, so che i miei/le mie rinunce sono sicuramente, saranno sicuramente premiate da qualche cosa di molto dolce che ci potrà essere più tardi.

Dom.   Quindi il succo di tutta la vicenda è nella prima volta?

Gabr.   Guarda, la prima volta è importante, secondo me, perché a partire dalla prima volta si può creare un rapporto più o meno positivo a secondo di come uno vive la prima volta. Dalla prima volta spesso dipendono, secondo me, insomma, traumi al limite psicologici, sessuali, per cui una prima volta bene può aiutare a/a vivere serenamente i rapporti successivi.

A.   TELEFONATA DI BENEDETTA

Pres.   Abbiamo parecchie telefonate che si stanno preparando, manderei subito in onda la prima, è Benedetta che ci chiama da Roma. Pronto?

Ben.   Sì, pronto?

Pres.   Buongiorno, Benedetta. Prego.

Ben.   Io ho ascoltato all'inizio le interviste di Giuliano e soprattutto delle ragazze successive e devo dire che ne sono rimasta molto colpita e molto preoccupata, perché vedo ritornare/ritornare/tornare indietro di vent'anni, 25 anni, quando/quando io ero giovane, quando io ero ragazza e la verginità era un fatto assolutamente da conservare; certo l'ideologia è cambiata e questi ragazzi accettano la perdita negli altri, dicono che non fanno discriminazioni. Però loro non sanno le conseguenze che questa verginità conservata fino al matrimonio possono derivare. La verginità portata fino al matrimonio significa una assoluta impreparazione e significa il rischio, secondo me, a un'alta percentuale di un matrimonio fallito. Io ho avuto proprio quest' esperienza: siamo arrivati vergini al matrimonio sia io che mio marito, che appartiene a una famiglia molto cattolica, un cattolicesimo non bigotto, anzi molto aperto, però che conservava questo/quest' idea del peccato. E la conseguenza è stata che non abbiamo avuto assolutamente un'intesa nel campo sessuale, e pure avendo una perfetta intesa in campo intellettuale, una stessa educazione, stesso modo di vivere, questo/questa mancata intesa sul piano sessuale ha minato profondamente il nostro rapporto, e, portando poi delle grosse e terribili conseguenze. Non siamo riusciti ad aggiustarlo, anche perché avevamo una tale paura di parlarne che non ne abbiamo mai parlato fino a pochissimo tempo fa, quando ormai, insomma, diciamo che è quasi troppo tardi. Non è mai troppo tardi, ovviamente, però è un peccato sprecare la propria vita in questo modo. E, parecchi anni fa è uscito un libro di Adelfi che è di Groddeck *Lo sfruttatore d'anime* , dove se ricordo bene, addirittura a pagina 70 o 170, lui dice che è un dovere morale da parte dei genitori insegnare/insegnare il piacere ai figli e/e questo io l'ho portato dentro di me; perché, se i figli imparano, gradualmente, attraverso la loro semplicità e la loro freschezza nella fanciullezza, la capacità di amare così come fanno gli/ facevano gli orientali da migliaia di anni, loro arrivano al matrimonio, o per lo meno, al loro definitivo rapporto, preparati e quindi senza ostacoli nell'incontro fisico, e l'incontro fisico è molto importante, perché quando ci si/non ci si capisce ma poi ci si ritrova insieme la sera l'uno vicino all'altro, tante cose si appianano.

Pres.   Benedetta, è davvero prezioso, è davvero bello e interessante quello che lei sta dicendo, io la ringrazio; manderei subito in onda un'altra telefonata prima di/di dare anche la parola ai nostri ospiti in studio e quindi la prego di continuare ad ascoltarci per radio.
    La telefonata che riceviamo adesso è da Franca, che ci chiama da Genova.

B.   TELEFONATA DI FRANCA

Pres.   Pronto?

Fran.   Pronto?

Pres.   Buongiorno, Franca.

Fran.   Buongiorno. Allora, dunque, io ho 25 anni, e faccio ancora parte, nonostante l'età, forse molti miei coetanei fanno parte ancora di questa/di questo nuovo modo di sentire, di vedere le cose, la vita, la verginità. Io faccio ancora parte dell'altra generazione che, invece, credeva nella liberalizzazione e ci crede ancora. Dunque, io dalle/dalle/dalle telefonate che ho sentito mi sono preoccupata di una cosa. Questi ragazzi, che poi in effetti hanno pochi anni in meno di me, 21, 18 anni, stanno rifacendo gli stessi errori che avevano fatto, diciamo, i miei genitori, miei nonni, i racconti di mia nonna, tutte le cose che mi hanno raccontato, cioè questo idealizzare, assolutamente, una prima volta, pensando chissà poi che cosa. Secondo me è/è aberrante, perché, come diceva l'ascoltatrice di prima, può, non è detto che porti, per carità, perché non è per tutti uguale, però può portare a questo tipo di cose, questo non conoscersi, non/non capirsi, non/non/non conoscersi a fondo. Ecco, quindi secondo me proprio è assolutamente sbagliato, soprattutto forzare. Ora, io voglio dire, se la verginità vuole essere una scelta che lo sia; però, è anche giusto che la non verginità possa essere una scelta. Cioè, la mia preoccupazione è che diventi la verginità una scelta obbligatoria e, secondo me, è assolutamente sbagliato, com' è assolutamente sbagliato forzare il proprio desiderio, impedendosi la sessualità. Secondo me, è assolutamente sbagliato, cioè se uno non ne sente la necessità, se uno crede profondamente che sia un valore, fa bene; però forzare se stessi ad una verginità, pensando poi chissà che cosa, è/è sbagliato. Perché la sessualità si impara come si impara a camminare; quando si è piccoli si cade, si cade spesso, poi piano piano si comincia ad imparare a camminare, a correre, a saltare, a fare degli esercizi ginnici; però si impara lavorando colle gambe, non seduti su una sedia a leggere un libro, per camminare. Ecco, seduti su una sedia si impara a studiare, leggendo un libro, non a camminare.

Pres.   Ecco, quindi, non forzature né in un senso né nell'altro.

Fran.   Né in un senso né nell' altro, perché è assolutamente sbagliato pensare che la verginità sia un valore.

6. LINGUA

L'italiano nel mondo, l'italiano in Australia: presente e futuro

Io non sono abbastanza pratico di cose australiane e italo-australiane per enunciare nessun giudizio o valutazione o consiglio, però mi pare che, da quello che ho detto e da quello che ho ascoltato stamattina, la situazione dell'italiano in Australia sia, salvo naturalmente una serie di differenze di carattere strutturale e organizzativo, dovute alle occasioni storiche o geografiche, sia molto somigliante se non perfettamente coincidente con quella che l'italiano ha in altri paesi del mondo. Per questa ragione vorrei suggerire alcune riflessioni che mi è capitato di fare nei mesi scorsi a proposito di quello che può essere il destino futuro dell'italiano. Noi abbiamo del resto una quantità sufficiente di dati a disposizione, provenienti da diversi paesi del mondo, che ci permettono oltre che le analisi descrittive di fare anche qualche profezia, o se preferite usare un altro termine, di disegnare qualche scenario. Tutte quante le lingue si diffondono, o non si diffondono, sulla base di certi motivi ricorrenti, non è mai una sorpresa il fatto che una lingua si diffonda al di là dei suoi confini naturali. Noi abbiamo oggi una quantità di lingue che sono diffuse ben al di là dei loro confini geografici originari; basti pensare all'inglese o all'arabo e nell'antichità l'esempio più importante di lingua diffusa in un vastissimo territorio a partire da un territorio molto ristretto è stata quella, è stato l'esempio costituito dal latino. Quali sono i motivi che spingono una lingua a diffondersi e quelli che impediscono ad un'altra invece di diffondersi? Io suggerirei tre tipi di motivi e sulla base di questi tre tipi di motivi cercherei anche di disegnare quale può essere la posizione dell'italiano dal punto di vista della sua diffusione al di là dei confini nazionali.

Il primo motivo è il più ovvio, in un certo senso, ed è quello demografico e politico. Le lingue si diffondono perché ci sono delle persone che parlano queste lingue e che a un bel momento si installano in un altro territorio e cominciano a parlare queste lingue. Questa diffusione, però, può aver luogo in due maniere, ovviamente, la storia ce lo mostra con tutta chiarezza, può aver luogo o perché queste persone sono dei colonialisti o degli imperialisti, oppure perché queste persone sono degli emigrati.

È abbastanza evidente, e la storia ce lo mostra continuamente, che la potenza maggiore di diffusione è legata alla diffusione imperialistica. Tutte le grandi lingue del mondo di oggi, e anche del passato, hanno viaggiato come conseguenza di un impero. C'era un grammatico spagnolo di fine '500/ di fine '400 che sosteneva che la lingua è compagna dell'impero. Lo spagnolo, il portoghese, l'olandese, l'inglese, il cinese, oggi il giapponese, il latino, tutte le lingue che possiamo trovare hanno viaggiato essenzialmente per ragioni imperialistiche. L'italiano si trova svantaggiato da questo punto di vista perché tra le altre cose che al nostro paese sono mancate c'è stato anche un impero. Andò male, come tutti sappiamo; probabilmente se fosse andata bene, qualunque sia la valutazione che vogliamo dare della/della cosa, noi oggi avremmo una lingua molto più solida dal punto di vista del suo statuto internazionale. Del resto, nei resti del piccolo e un po' comico se non tragico impero italiano d'Africa, l'italiano si avverte ancora molto presente come lingua. Il somalo è, per esempio, pieno di italianismi e di formule italiane che sono rimaste proprio per quel tanto di detriti linguistici che ogni impero lascia dietro di sé.

La diffusione delle lingue dal basso attraverso l'emigrazione crea quelle che, con un termine che credo sia partito proprio dall'Australia, si chiamano lingue di comunità. Le lingue di comunità, io mi permetterò di esprimere una, come dire, un dubbio metafisico sullo statuto delle lingue di comunità e sapendo di assumere una posizione forse impopolare in questa sala. Le lingue di comunità sono lingue per loro natura deboli, perché sono parlate dalla comunità che le ha come sua/ come propria lingua madre, sono tollerate o rispettate dalla comunità ospitante, ma non si espandono per loro natura al di fuori della comunità delle persone che le parlano. Quindi sono lingue che, per definizione, vivono in serra, diciamo, non vengono eliminate, ma vengono conservate soltanto nell'ambito delle persone che le parlano. Di fatto, in diversi paesi, e cito gli Stati Uniti, le lingue di comunità, alcune lingue di comunità, vengono gradualmente rifiutate dalla comunità stessa, che tende con un meccanismo socio-antropologico evidente a mimetizzarsi con la comunità locale per non portare più nessun segnale di riconoscimento. È abbastanza curioso che uno studio recente fatto negli Stati Uniti da Hermann Haller ha mostrato che tra le diverse comunità linguistiche esistenti negli Stati Uniti, quella italiana è la meno 'loyal' nei confronti della sua lingua, cioè quella che più drasticamente tende o a dimenticarla o a fingere di dimenticarla o comunque a nasconderla.

21

Un altro criterio è un criterio di immagine. Le lingue si diffondono per l'immagine, per la reputazione che hanno. Immagine è un termine che tutti conosciamo e allude a una dissociazione tra ciò che si è e ciò che si appare. Quindi l'immagine è fatta per lo più di caratteristiche mitologiche, fantastiche, immaginarie, però cionondimeno estremamente radicate nella mente delle persone. Suppongo che Gensini ci dirà qualche cosa di più preciso sulle immagini che l'italiano ha avuto nella storia. Perché l'italiano è stato, una parte di voi lo sapranno, una lingua molto discussa nella storia della cultura europea. Ha creato grandi passioni e grandi odi, ha creato delle dispute, che sono durate in qualche caso mezzo secolo o un secolo, però qualunque fosse la posizione che si assumeva nei confronti dell'italiano, sto parlando di dispute sei-settecentesche, che come accennerò tra un istante hanno delle risonanze nella reputazione dell'italiano d'oggi, queste dispute concordavano tutte su un fatto, che a noi può farci ridere ma che in un certo senso ha segnato storicamente la reputazione della nostra lingua. Questo fatto è formulato da Voltaire a fine '700 in forma lapidaria, quando Voltaire dice che l'italiano è una lingua caratterizzata da mollezza ed effeminatezza perché è piena di vocali. Molti traggono tra sei e settecento, ma anche oggi, lo accennerò tra un istante, delle conseguenze per quanto riguarda l'affinità fra la supposta caratterizzazione della lingua e quella del popolo che la parla. Voltaire stesso dice "l'italiano è una lingua molle e effeminata in accordo col temperamento e il carattere del paese. Il francese invece è una lingua vivace e priva di languori." Ora, se voi prendete la ricerca che l'Enciclopedia Italiana ha fatto per conto del Ministero degli Esteri 3 o 4 anni fa a proposito delle motivazioni che spingono circa 2 milioni di persone in giro per il mondo a studiare italiano anche in circostanze disagiate, perché c'è della gente che studia l'italiano sulle montagne della Bolivia, sapete, c'è della gente che lo studia nei paesi africani più difficili da raggiungersi, c'è della gente a Pechino che studia italiano e si iscrive a corsi di linguistica italiana. Se voi prendete questa indagine, scoprite che una parte non indifferente delle persone che studia l'italiano dice "studio l'italiano perché è una lingua musicale". Questo coincide perfettamente con ciò che pensavano nel '700, per esempio, Voltaire, ma anche Condillac, anche Diderot, quindi gente tutt'altro che marginale, tutt'altro che secondaria come intelligenza e penetrazione, che dicevano l'italiano è adatto alla musica. Queste sono valutazioni che nessun linguista al mondo potrebbe sottoscrivere, cioè sono da un punto di vista descrittivo delle falsità; nessuna lingua è più adatta a questo o a quello, anche se oggi si sostiene che l'inglese, essendo monosillabico, sia più adatto al rock. In realtà, però, la gente, le culture si imbevono di queste immagini e finiscono per proiettare l'immagine sulla realtà assegnando in questo modo una posizione gerarchica alle lingue. L'italiano è allora, e credo che dobbiamo in un certo senso rassegnarci a questa idea, una lingua musicale.

Il terzo criterio che vorrei suggerire, e mi avvio a chiudere, è un criterio di carattere strutturale. In questi giorni abbiamo parlato a lungo, in termini un pochino più avanzati di quanto si possa fare oggi, delle caratteristiche strutturali dell'italiano e io ho cercato più volte di mostrare che l'italiano è una lingua che tende a semplificarsi in certi aspetti perché non sopporta, per così dire, degli eccessi di complicazione che alcune aree della sua grammatica presenta. Ora la complicazione di una lingua costituisce una fortissima barriera al suo apprendimento, nel senso che, se io devo scegliere tra la lingua A e la lingua B sapendo che A è più semplice di B, anche se questo non è effettivamente vero, ma è vero soltanto nell'immaginario, io tendo a scegliere la lingua che ha reputazione di essere più semplice. Io ho fatto qualche anno fa una piccola indagine tra i miei studenti, studenti universitari, quindi giovanotti e signorine ben al di là della prima, della seconda, della terza infanzia, chiedendogli come mai in maggioranza avessero scelto inglese, e loro non si rappresentano ancora le possibilità pratiche più o meno reali che l'inglese prospetta, la risposta è stata unanimemente "perché l'inglese non ha grammatica". È un'opinione assolutamente corrente che le lingue abbiano caratteri strutturali più o meno facili. L'italiano ha, in parte effettivamente, in parte nell'immaginario, la reputazione di avere una/un impianto grammaticale complesso, tanto complesso che in molti casi va semplificandosi, mentre invece l'inglese, come diceva un grande linguista qualche decina di anni fa, ha una "noiseless grammatical machinery", cioè un meccanismo grammaticale che non fa rumore. Sarà vero o sarà falso, queste sono le reputazioni delle lingue.

Mettendo insieme questi 3 criteri, e cioè il fatto che l'italiano non si è diffuso per azione dell'impero e questa è una cosa che, col senno di poi, io trovo particolarmente lamentevole; secondo, che la sua immagine storicamente si è costruita in maniera distorta senza che nessuno riuscisse a sradicare dalla testa dei più raffinati intellettuali europei che questa immagine fosse una grande scemenza; e la terza motivazione, che l'italiano si è, per il suo conservatorismo evolutivo, del quale ho più volte parlato nei giorni scorsi, si è/ non è riuscito a liberarsi di alcune complicazioni che le altre lingue romanze hanno invece completamente abbandonato, secondo me, rende relativamente debole la posizione internazionale dell'italiano.

Non voglio però essere catastrofista, sto cercando di capire le ragioni per le quali, mentre la richiesta internazionale è molto forte, ci sono anche delle forti resistenze alla diffusione.

Che cosa bisogna fare allora se è vero che due milioni, due milioni e mezzo, tre milioni di persone in giro per il mondo studiano l'italiano? Come, perché lo studiano? Secondo me, e in questo ambiente è necessario dirlo con particolare chiarezza, bisogna scegliere fra i due possibili destini che l'italiano ha dal punto di vista demografico e politico, e cioè fra il destino di lingua comunitaria e il destino di lingua di cultura, tra il destino novecentesco di lingua comunitaria, e il destino se volete settecentesco di lingua di cultura. Io sono abbastanza persuaso, e con le argomentazioni che ho presentato ho cercato di sostenerlo in maniera un pochino più articolata, che l'italiano si avvantaggerebbe di molto se cessasse gradualmente di essere lingua di comunità e venisse riscoperto anche dalle persone di origine italiana come lingua di cultura. Credo anche che questo sia in un certo senso il suo destino naturale, perché le comunità italiane in molti casi tendono a lasciarlo scomparire per poi ritrovarlo tre generazioni dopo, ma non solo per tornare al paese di origine, bensì per qualificarsi negli studi, negli affari e nel business. Però, se noi introduciamo questa ripartizione di due destini possibili e sosteniamo, come io mi sentirei di sostenere, che il destino più fecondo è quello di lingua di cultura, che comporta quindi un graduale sminuimento del ruolo di lingua di comunità, la cosa si complica, perché la responsabilità di tutto il movimento ritorna, ahinoi, all'Italia. Nel senso che la lingua non si diffonde soltanto per quello che essa è, ma si diffonde principalmente per l'alimentazione culturale che riceve dal territorio metropolitano; e quindi il nostro augurio, il nostro sforzo e forse il nostro impegno, tanto di noi che operiamo in Italia quanto di voi che vedete l'Italia dall'altra parte del globo, dovrebbe essere quella/ dovrebbero essere quelli di fare in modo che la cultura, l'immagine, la reputazione, la/la produzione culturale e non culturale italiana sia sempre di livello più elevato. Soltanto in questo modo, accreditando ciò che noi siamo, noi possiamo accreditare in tutto il mondo la lingua che parliamo, così come in tutto il mondo sembrano esserci i presupposti perché questo accada. Grazie.

7. AMBIENTE

Intervista a Fulco Pratesi, presidente del WWF italiano

In Italia è stato fondato nel 1966 ed oggi è diffuso in 25 nazioni in tutto il mondo. L'architetto Fulco Pratesi è il presidente del WWF italiano, che si distingue sulla frontiera della difesa ecologica per la varietà delle iniziative e per l'impegno con cui sono realizzate.
Giuseppina Sciascia ha intervistato Fulco Pratesi per questo numero di *Rotosette*.

– Dottor Pratesi quali sono i principali problemi che il WWF deve affrontare quest'anno in Italia?

– Ma sono infiniti, come/ a cominciare dai due referendum che stiamo organizzando in questi giorni contro l'uso irresponsabile dei pesticidi e contro una caccia estremamente opprimente nei confronti della fauna italiana. Poi ci sono i problemi dell'inquinamento: i problemi dell'inquinamento del Po nei riguardi del Mare Adriatico, problemi della ancora oggi purtroppo del disordine edilizio e dell'abusivismo, i problemi del/del taglio dei boschi e degli incendi dei boschi soprattutto in estate, la pesca eccessiva, insomma di problemi non abbiamo certamente scarsezza.

– Qual è la regione che secondo Lei ha una peggiore educazione ecologica in Italia?

– Ma, a parte l'educazione ecologica, direi l'impegno ecologico delle regioni è abbastanza scarso in generale, ma probabilmente quella che ha oggi ha meno interesse ai problemi della conservazione della/della natura è la Sardegna, che pur avendo un patrimonio eccezionalmente bello ed importante, e di fauna e di flora e di paesaggi, sta facendo il possibile per non proteggerla.

– Questi sono i problemi, ma diciamo ora quali sono le iniziative per quest'anno di carattere pratico che il WWF intende assumere nei confronti della protezione dell'ambiente.

– Beh intanto, appunto, i due referendum che dovrebbero essere indetti per l'anno prossimo e di cui stiamo raccogliendo in questi giorni le firme. Uno è contro la caccia, appunto come dicevo, e uno contro l'uso irresponsabile dei pesticidi, cioè dei/delle sostanze chimiche in agricoltura. Poi abbiamo/abbiamo delle operazioni di vario genere in tutti i campi della nostra/della nostra attività, per esempio, per l'agricoltura biologica e stiamo lavorando bene per ottenere zone da noi gestite che forniscano un'agricoltura e dei prodotti non inquinati dai pesticidi, stiamo lavorando per attivare nei giovani la conoscenza del mare con un programma di osservazioni subacquee e la creazione di speciali oasi blu, incrementiamo il nostro programma di oasi di protezione, che oggi ha superato di 30/le 30 unità per oltre 15.000 ettari di natura protetta e 24 chilometri di costa.

– Ci saranno certamente degli ostacoli e anche notevoli che si frappongono alle vostre iniziative. Vogliamo parlarne?

– Ma, gli ostacoli sono in genere prodotti dalla/dall'indifferenza della/della classe politica, delle amministrazioni, della burocrazia. Abbiamo problemi grossissimi in questo senso, problemi anche dovuti poi alla, per esempio, alla protervia molte volte degli industriali che continuano ad inquinare pur avendo chiaramente responsabilità nella distruzione dei corsi d'acqua e dell'atmosfera. Ma, in compenso, abbiamo invece risposte dalla nostra base di soci che sta aumentando in maniera vorticosa.

– Quanti ne avete?

– Oggi ne abbiamo alla fine di marzo ce ne erano circa 208.000 e passa, a cui vanno aggiunti circa 80/90.000 ragazzi nei Panda Club.

– Lei ha da proporre qualche valido suggerimento per educare meglio la popolazione al rispetto dell'ambiente?

– Ma, io penso che l' attività che noi facciamo che è soprattutto rivolta alle scuole e ai giovani sia già un passo avanti nei confronti di un'educazione ambientale oggi quasi completamente assente nei programmi scolastici.

D'altra parte, fare un programma adatto ai giovani delle scuole che parli di ecologia ci sembra un po' difficile. Bisognerebbe che tutte le materie, tutti/ogni momento dell'insegnamento scolastico sia in qualche maniera improntato all'educazione ambientale, a insegnare ai ragazzi a non sprecare, a insegnare ai ragazzi a non utilizzare malamente le poche risorse che restano sul pianeta, insegnare ai ragazzi a non inquinare. Io penso che/che oggi i giovani comprendano molto più rapidamente di un tempo quelli che sono i veri problemi dell'ambiente e della natura e si adeguino a questo con dei comportamenti successivi.

– Il WWF italiano è impegnato anche all'estero. In che modo?

– Il WWF italiano si è impegnato pochi mesi fa in una grandissima campagna per salvare l'Amazzonia, cioè cercare di evitare gli stanziamenti che in Italia venivano fatti nei confronti di operazioni, molte volte dannose, nei confronti della foresta amazzonica e siamo impegnati anche nel finanziare un parco nazionale in Etiopia dove vivono specie animali di grandissimo interesse, come gli (?) di montagna o il lupo del Simien.

– Si avvicinano le prossime elezioni europee. L'Europa senza frontiere potrebbe porre meno problemi all'educazione ecologica delle popolazioni dei paesi del mercato unico europeo?

– Io sono convinto di questo. Le poche cose buone che si son fatte nel campo del/della legislazione ambientale in Italia derivano quasi sempre, il 90% dei casi, da direttive europee, regolamenti europei e direttive comunitarie; tutto quello che si fa in Europa, poi viene recepito, sia pure con ritardo, in Italia. Per cui io penso che un ampliamento della comunità europea, una intensificazione dei rapporti e/e un ampliamento anche, dei/delle diciamo così della politica europea sia senz'altro un grossissimo vantaggio per il nostro paese dal punto di vista della conservazione ambientale.

CHIAVI DEGLI ESERCIZI

1. VACANZE

FERIE

1. Si impersonale o passivante. IN VACANZA AL MARE

ci si sveglia / si fa / ci si mette / ci si infilano / si prendono / si arriva / si va / ci si asciuga / ci si spalma / ci si stende / si torna / ci si mette / ci si copre

2. Si impersonale o passivante. IN VACANZA SE PIOVE CHE COSA SI FA

1. Un'escursione alla spiaggia: perché stare in casa? Ci si metta/ci si deve mettere un impermeabile e si faccia/si deve fare una lunga passeggiata oppure si indossi/si deve indossare il costume da bagno e si corra/si deve correre. Se si hanno dei bambini con sé, si vada/si deve andare alla scoperta delle spiaggette riparate dove non arrivano gli schizzi delle onde.

2. Un po' di giardinaggio: se la pioggia non è torrenziale e la stagione è giusta, si pianti/si può piantare pure quello che si vuole: la terra bagnata è ottima per i semi e piacevole da maneggiare.

3. Si usi/si deve usare la pioggia: se si è sempre avuto il nascosto desiderio di lavarsi i capelli con l'acqua piovana, ecco arrivato il momento di farlo. Ci si metta/ ci si deve mettere il costume da bagno e si faccia/ si deve fare uno sciampo. Si sciacquino/si devono sciacquare a lungo i capelli.

4. Si esplorino/si devono/si possono esplorare le strade di campagna: è un modo per sfuggire alla monotonia della giornata in casa. Se non piace avere i piedi bagnati, ci si mettano/ci si devono mettere degli stivali di gomma, oppure si affitti/si deve affittare una bicicletta o, se possibile un cavallo. Si potranno in questo modo affrontare allegramente anche le più grosse pozzanghere.

3. Nome collettivo 'gente'

1. Quando è ferragosto la gente in branco trasmigra fuori città.
2. La gente parte con ogni mezzo di locomozione.
3. La gente porta complicate attrezzature vacanziere.
4. La gente si trascina pesi incredibili appresso.
5. In montagna la gente affolla le strade con le sue auto piuttosto che i sentieri per passeggiare.
6. La gente diversamente dal parere degli psicologi è convinta che la vacanza sia vita vera.
7. È a fine luglio che la gente viene presa dall'ebbrezza vacanziera.
8. Ormai la gente non sa più adattarsi a delle vacanze di tipo tranquillo.
9. La gente si sente in dovere di percorrere un continente intero in poche settimane.
10. "Che cosa importa quel che facciamo", dice la gente, "purché sia vacanza?"

4. Condizionale

Sarebbero stati ricavati / ce ne sarebbe / avrebbero analizzato / avrebbero tratto / avrebbe identificato / caratterizzerebbe / sarebbe / diventerebbero

5. Preposizione 'di'

delle / di / di / di / delle / delle / delle / di / di / di / del / delle / di / dell' / di

TURISMO

1. Comparativo. Le risposte possono variare. Quelle che seguono sono solo alcune delle risposte possibili.

1. Le vacanze studio sono meno divertenti delle vacanze avventurose
2. La villeggiatura al mare è più stancante della villeggiatura/di quella in montagna
3. È più avventuroso fare le vacanze all'estero che passare le vacanze nel proprio paese
4. I turisti italiani sono più identificabili dei turisti/di quelli australiani
5. L'estate in città è meno caotica dell'estate/di quella nei luoghi di villeggiatura / L'estate in città è meno caotica che nei luoghi di villeggiatura
6. Mi piace più nuotare che sciare
7. Il caldo estivo è più debilitante del freddo invernale
8. I cibi estivi sono meno pesanti dei cibi/di quelli invernali

2. Condizionale

preferirebbe / sceglierebbe / darebbe / si muoverebbero / non temerebbero / si fermerebbero / apprezzerebbero / eviterebbero / si rassegnerebbe / dovrebbe

3. Aggettivi possessivi. I COMPONENTI DI UNA FAMIGLIA ITALIANA PARLANO DI VACANZE

il mio / il mio / i miei / i miei / mia / i suoi / la mia /
mia / i nostri / il nostro / il suo / il suo (la sua) / le proprie / la nostra / i suoi / nostra /
i suoi / il mio / dei suoi / mio / le loro / la loro

4. Preposizioni

1. in 2. da 3. a 4. Con 5. al 6. nel 7. di 8. con/per 9. di 10. per 11. al 12. da 13. a 14. con 15. nel 16. con 17. per 18. in 19. con 20. di 21. con 22. per 23. al 24. per 25. di 26. di/dei

5. Domande logiche

1. Dove passerà le vacanze quest'estate la maggioranza degli italiani?
2. Qual è la regione più richiesta?
3. Tra i paesi europei, quali sono quelli che vanno di più?
4. A chi piace di più la Corsica, ai milanesi o ai romani? / La Corsica, piace più ai milanesi o ai romani?
5. Chi va in Iugoslavia?
6. Di quanto sono aumentate le richieste di viaggi per gli Stati Uniti?

6. Imperativo

'voi': aprite / guardate / affacciatevi / godetevi / scoprite
'Lei': apra / guardi / si affacci / si goda / scopra

VANE VACANZE

1. Parole appropriate al contesto

sede/scuola, centro, scuola, l'anno, studiare/imparare, gruppi, livello, metodo, lezione, immersione, comunicativo, capire, insegnamento, stranieri, materiali/sussidi didattici, libri, classe, gratuiti, corsi, durata, livelli, principianti, avanzati, sottoposti, assegnati/mandati, fine, sostenere/fare, diplomi/certificati, sistemazione

2. LUOGHI

EOLIE

1. Concordare nome e aggettivo

la cima vulcanica / le cime vulcaniche
la lava incandescente / le lave incandescenti
il vapore fitto / i vapori fitti
la fumarola densa / le fumarole dense
lo sbuffo sotterraneo / gli sbuffi sotterranei
il fuoco spontaneo / i fuochi spontanei
la soffiata sulfurea / le soffiate sulfuree
la bocca vulcanica / le bocche vulcaniche
la colata immane / le colate immani
la sorgente calda / le sorgenti calde
il fango termale / i fanghi termali
la cresta aerea / le creste aeree
il cratere imponente / i crateri imponenti
l'eruzione improvvisa / le eruzioni improvvise
la bolla gassosa / le bolle gassose

2. Aggettivo 'bello'

begli arcipelaghi
bella baia
bel porto
bella caletta
bei porticcioli
bell'istmo
bella costa
begli scogli
belle conche

bel fondale
bella barriera
bei moli
bella grotta
belle scogliere
bella punta
bel capo
belle isole
bell'isola

3. FILICUDI - Imperfetto

tubavano / piovevano / si dondolava / si lasciavano / c'era / garantiva / si specchiavano / finivano

4. STROMBOLI - Futuro

ci vorranno / saranno / darà / bollirà / si lacererà / rotolerà / arriverà / sarà / ci sarà / si consumerà / si arriverà / ci sarà / sarà

5. PANAREA - Verbo 'piacere' e aggettivi possessivi

è piaciuto / le sue / i suoi / sono piaciuti / i suoi / della sua / è piaciuto / il suo / i suoi / piacciono / la mia / sono piaciuti / è piaciuto / il suo / il suo / è piaciuto

6. LIPARI - **Aggettivi o pronomi indefiniti**

qualche / alcuni / nessuna / alcuni / nessuno / uno / nessuna o alcuna / alcune / nessuna / uno / qualche / alcune / alcuni / nessuna / alcune / nessun / uno

7. VULCANO - **Preposizioni**

A / del / tra / dal / Nelle / dell' / dell' / secondo / a / delle / in / a / in cima al o alla/sulla cima del / su / delle / in / ai / della / con / sul / al / con / di / di / in / di

8. SALINA - **Ordine logico**

b = 1, a = 2, d = 3, g = 4, f = 5, c = 6, e = 7, h = 8

FERRARA

1. Si impersonale/passivante. ITINERARIO TURISTICO

Si consiglia / se ne possono visitare / si percorre / si giunge / si custodiscono / si attraversa / si imbocca / ci si addentra / si incontra / si imbocca / ci si trova / si possono osservare / si volta / si giunge / si è / stanchi / si ammirano / ci si può rilassare / si è affamati o golosi / si possono ordinare

2. Passato remoto. LA COMUNITÀ EBRAICA DI FERRARA

soggiornarono / continuò / prosperò / si dichiararono / rifiutarono / accolsero / salì / furono aperte / fiorì / sorsero / produssero / iniziò / coincise / decadde / si trasferirono / seguirono

3. Coerenza e coesione testuale. PASTICCINI PER IL TÈ

f = 1, b = 2, e = 3, g = 4, c = 5, i = 6, h = 7, d = 8, a = 9, l = 10

POMPEI

1. Preposizioni

a / per / a / a / per / dalla / degli / di / di / a / dall' / di / della / in o per / di / a

2. Imperfetto o passato prossimo. LA CASA POMPEIANA

si componeva / si aprivano / aveva / cadeva / si è modificato / si è aggiunto / si è trasferita / si apriva / venivano / avevano / si accedeva

3. GIOVANI

1. Accordare gli aggettivi

nuovo / internazionale / nostro / proprio / vestimentario / professionale / igienico / politico / specifica / pesante / psicoanalitici / proprio / contrastanti / sovrapposti / mescolati / sfumati / giovanili / italiani / tutti / sociali / Diverso / loro / diversa / certa / autentici / diffuso / riferito / mentali

2. Si impersonale/passivante. I CONSIGLI DI UN ADOLESCENTE

ci si rasi / si indossino / si usino / si sfoggi / si preferiscano / si scelgano

3. Passato prossimo

c'è stata / l'ha caratterizzata / hanno sfoggiato / li hanno abbinati / Hanno usato / li hanno alternati / hanno messo / hanno comunicato / hanno ostentato / hanno manifestato / è stato / sono andati

4. Pronomi diretti, indiretti, ci, ne

li / ne / ci / le / le / lo
la / ne / li / lo
li o ne / ne / le o ne / lo / ne / lo

5. Aggettivi possessivi

I miei / Nostro / i suoi / mia / del suo / le sue / suo / i suoi / il loro / la mia / nostro / i suoi / Il mio / nostra / Mia / vostro

6. Plurale

1. Gli adolescenti di oggi sembrano contenti del loro rapporto con la famiglia.
2. Loro danno molta importanza all'amicizia e considerano gli amici i confidenti per eccellenza.
3. Per quanto riguarda il sesso, questi giovani, maschi o femmine, appaiono notevolmente ignoranti.
4. Purtroppo infatti non si servono in modo diffuso della contraccezione.
5. I primi rapporti sessuali tendono ad averli prima i sedicenni maschi che le sedicenni femmine.
6. Quanto ai passatempi, gli adolescenti dedicano tempo alla lettura dei quotidiani preferiti o di riviste di attualità.
7. Tutti, indipendentemente dal sesso di appartenenza, risultano interessati al problema dell'ambiente, ma meno alla politica.
8. L'incertezza del futuro che questi giovani provano è testimoniata dal fatto che le rubriche dell'oroscopo sui giornali sono seguite da tutti.

7. 'tu' / 'Lei'

| ariete | 'tu': | per parte tua ti impegnerai / Scegli / ritrovarti / ti |
| | 'Lei': | per parte Sua si impegnerà / Scelga / ritrovarsi / Le |

| toro | 'tu': | approfitta / il tuo / prospettandoti /abbi / te stessa / tuo |
| | 'Lei': | approfitti / il Suo / prospettandoLe / abbia / se stessa / Suo |

| gemelli | 'tu': | domina / la tua / attenua / ti / Non trascurare / ami / non prendere |
| | 'Lei': | domini / la Sua / attenui / La / Non trascuri / ama / non prenda |

| cancro | 'tu': | farti / ti / il tuo / hai / ti / ti |
| | 'Lei': | farLe / La / il Suo / ha / Le / Le |

| leone | 'tu': | non esagerare / Sii affettuosa / ti troverai / tua / persegui / ti sei proposta |
| | 'Lei': | non esageri / Sia affettuosa / si troverà / Sua / persegua / si è proposta |

| vergine | 'tu': | riuscirai / avrai / potrai / Non trascurare / creati / non essere dubbiosa |
| | 'Lei': | riuscirà / avrà / potrà / Non trascuri / si crei / non sia dubbiosa |

| bilancia | 'tu': | Avrai / trovarti / vorrai / sarai portata / sii saggia / supererai / Scegli / tenendoti / dovrai impegnarti / adattarti |
| | 'Lei': | Avrà / trovarsi / vorrà / sarà portata / sia saggia / supererà / Scelga / tenendosi / dovrà impegnarsi / adattarsi |

| scorpione | 'tu': | tuoi / te / rispetta / vuoi / la tua |
| | 'Lei': | Suoi / Lei / rispetti / vuole / la Sua |

| sagittario | 'tu': | riuscirai / Asseconda / ti / frequenta / dedicati / sii calma |
| | 'Lei': | riuscirà / Assecondi / Le / frequenti / si dedichi / sia calma |

| capricorno | 'tu': | approfittane / il tuo / ti sentirai / tuo / potrai / tieni / adattati |
| | 'Lei': | ne approfitti / il Suo / si sentirà / Suo / potrà / tenga / si adatti |

| acquario | 'tu': | saprai / le tue / potrai / Asseconda / non trascurare / te / dimostra |
| | 'Lei': | saprà / le Sue / potrà / Assecondi / non trascuri / dimostri |

| pesci | 'tu': | approfitta / tua / ti / sii disinvolta / raccoglierai / servitene / punta |
| | 'Lei': | approfitti / Sua / Le / sia disinvolta / raccoglierà /se ne serva / punti |

8. Tempi e modi

funzionano / bastano / investe / siano calate / comporta / abbiano fatto / correggessero / accadano o accadranno / si ribellino / si sbandino / si siano agitati / abbiano protestato / investe

4. COSTUME

SUPERSTIZIONE

1. Bisogna, occorre, basta

basta / Basta / occorre / bisogna / bisogna / occorre / basti (occorra) / occorre (bisogna)

2. Si dice che + congiuntivo

1. Si dice che toccare ferro porti fortuna.
2. Si dice che incontrare un gobbo porti fortuna.
3. Si dice che trovare un quadrifoglio porti fortuna.
4. Si dice che esprimere un desiderio mentre si vede una stella cadente faccia avverare il desiderio.
5. Si dice che quando una ragazza riceve il bouquet della sposa si sposi entro l'anno.
6. Si dice che incontrare un gatto nero porti sfortuna.
7. Si dice che rompere uno specchio provochi 7 anni di disgrazie.
8. Si dice che essere in 13 a tavola porti disgrazia.
9. Si dice che passare sotto una scala porti sfortuna.
10. Si dice che rovesciare il sale in tavola provochi disgrazia.

3. Imperativi

1. tocca
2. Cercate / buttateci
3. passino
4. Guarda / aspetta / esprimi
5. Convinca
6. Si cerchi o si deve cercare / si trovi o si deve trovare
7. cambiamo / torniamo
8. Non si rovesci o non si deve rovesciare

DIVORZIO

1. Discorso indiretto

La sociologa Tessari aveva detto che molto spesso le donne andavano da loro a cercare aiuto perché non intendevano più sopportare lo stress, le sofferenze, le angherie vere e proprie derivate da certe unioni. Ma poi non riuscivano a prendere la decisione a causa della loro mancanza di autonomia, determinata in primo luogo dalle ragioni economiche, ma anche da cause sociali e psicologiche che non andavano sottovalutate e si potevano riassumere nell'incapacità - e quindi nella paura - di vivere da sole. Salvo poche eccezioni, le donne da sole non trovavano interessi, non concepivano l'idea di fare, senza il compagno, un viaggio, o di organizzare una sera tra amici, o di andare a passeggio, a vedere un cinema, una mostra eccetera. Senza un altro con cui dividerla, anche malamente, la loro vita perdeva significato, non sapevano vivere per se stesse, perché non l'avevano mai imparato, mai provato, era un dato che risaliva all'educazione delle bambine e delle ragazze. A parte una piccola élite limitata a certe classi sociali, le giovani anche oggi / (allora) non avevano la stessa libertà dei maschi, difficile che andassero, per esempio, in giro per l'Europa col sacco a pelo; ma passavano dalla dipendenza dalla famiglia di origine alla dipendenza dal marito, senza aver mai provato un momento di libertà personale.

2. Coerenza e coesione testuale

e = 1, c = 2, i = 3, g = 4, a = 5, f = 6, b = 7, d = 8, h = 9

5. DONNE

DONNE IN ITALIA

1. Tempo e modo. LA CASALINGA EMANCIPATA

Sono passati / sosteneva (ha sostenuto) / è stato rubato / aveva definito / fossero retribuite / denunciava (aveva denunciato) / è tornato (torna) / abbia vissuto / sono entrate / elevando / Si è passati / fossero / valesse / erano / lavoravano / vorrebbero / si rendessero / vadano / rimanga / riescano

2. Discorso indiretto. NOI POSSIAMO CAMBIARE IL MONDO

Intervistata, Nilde Iotti aveva detto che <u>era</u> convinta che <u>si trovavano</u> di fronte a una proposta diversa da quelle fatte <u>fino ad allora</u> (fino a quel momento). <u>C'era</u> una grande carica di novità nei contenuti di <u>quella</u> legge. Forse mai come in <u>quel</u> caso una proposta <u>rispondeva</u> alle <u>loro</u> ansie di ogni giorno, e <u>costringeva</u> uomini politici, economisti, amministratori locali a fare finalmente i conti con la vita concreta delle donne.
<u>Credeva</u> che ogni donna <u>sapesse</u>, per esperienza personale, quanto <u>fosse</u> impossibile far quadrare i tempi della vita nell'organizzazione sociale contemporanea. <u>Sapeva</u> che purtroppo molti <u>pensavano</u> che essa <u>fosse</u> l'unica possibile e che non <u>si potesse</u> cambiare. E invece <u>quella</u> legge <u>faceva</u> proposte ragionevoli per le esigenze di <u>quel</u> <u>momento</u> (dell'epoca contemporanea / dei tempi / di oggi), considerando anche la maternità e il lavoro domestico come diritti fondamentali di cittadinanza.

3. Participio passato, gerundio, infinito

partire / conciliare / avendo raggiunto / dovendo / sentire / rendendosi (resasi) / dare / dedicandogli / rinunciare / fatti (avendo fatto)

4. Periodi ipotetici. Le risposte possono variare. Quelle che seguono sono risposte possibili.

1. Se la donna lavora, è più soddisfatta.
2. I figli sarebbero più felici se uno dei genitori stesse a casa.
3. Io avrei chiesto a mia madre di non lavorare se avessi pensato che era meglio così.
4. Cosa succederebbe se abolissero il congedo per maternità?
5. Se avessi avuto la possibilità di scegliere, avrei preferito lavorare a metà tempo.

5. Si passivante

non si può sospendere / si dimostra / si sono concepiti / si comprometterebbe / si frustri

UN CUORE SEMPLICE

1. Pronomi

togliersi / se lo / crederci / farsene / intervistarla / parlarle / chiederle / ci
ce ne / Lo / lo / gli / la / lui / le / glielo / lo

2. Pronome relativo

1. È domenica 10 luglio, giorno in cui (nel quale) una ragazza diciassettenne si è uccisa.
2. Maria Maiolo è il nome della ragazza la cui madre (la madre della quale) aveva deciso che lei sposasse un giovane emigrato.
3. Maria si è sparata con un fucile da caccia che era appartenuto a suo padre.
4. Maria viveva in un paesetto della Calabria che si chiama Fabrizia.
5. Fabrizia è un paese isolato e abbandonato la cui gente non è abituata ai giornalisti.
6. La mafia e i terremoti sono gli argomenti prediletti dai giornali a cui (cui / ai quali) dedicano grossi titoli.
7. A Fabrizia si ricevono due canali televisivi i cui programmi non si vedono bene.
8. Molti giovanotti di Fabrizia, che (i quali) sono emigrati al nord, sposano ragazze a loro sconosciute.
9. I matrimoni si celebrano nella stagione estiva in cui (nella quale) gli emigrati tornano al proprio paese d'origine per le ferie.
10. I matrimoni combinati sono avvenimenti comuni che si celebrano spesso a Fabrizia.

3. Gerundio

1. Decidendo 2. Aspettando / non intendendo 3. Essendo / avendo 4. Avendo mandato 5. Scrivendo 6. Leggendo 7. Presentando

4. Tempi e modi

decise / si fosse uccisa / aspettava / fosse stato (era stato) / andasse / iniziò / cercò / conoscesse / scoprì / conoscevano / fosse / le volevano / fu / domandò (aveva domandato) / sconsigliò (aveva sconsigliato) / rifiutò (aveva rifiutato) / sottolineò (aveva sottolineato) / penso / faccia / disse / deva (debba) / cerchi / lasci / fosse stata / tentò / si trovava / ebbe bussato / fu / È (sarebbe) / vada (andasse) / insiste / rompo.

5. Periodi ipotetici. PUNTI DI VISTA

1. si farà (si fa) / sarà, si facesse / sarebbe
2. devo / preferisco, dovessi / preferirei
3. avrò (ho) / diventerà, avessi / diventerebbe
4. fosse stata costretta / si sarebbe uccisa
5. capissero / succederebbero / parlassero / vivrebbe
6. capissero / imporrebbero
7. fosse stata trascurata / avrebbe / riuscirò / se la prenderà

GIÙ I PANTALONI

1. Discorso indiretto

Intervistata, Lara Cardella aveva detto che

1. Per chiedere l'apertura della biblioteca, l'anno prima aveva scritto un articolo (...) Nessuno ci aveva badato.
2. Non aveva mai ricevuto lettere prima di allora (di quel momento). Allora (in quel momento/a quel tempo) le arrivavano anche se sulla busta c'era scritto solo: Lara Cardella, Licata, Sicilia.
3. Dopo i duelli in TV con il sindaco, si erano incontrati in municipio. Il sindaco le aveva detto che non avrebbe aizzato il paese contro di lei, era una ragazza da rimediare.

4. La sera in cui aveva detto in televisione che a Licata girare in minigonna significava (significa) lasciarsi dietro una scia di occhiate (...), un battaglione di ragazze era sceso in piazza in mini. Novanta ne avevano contate.
5. Con la sua amica del cuore, tante volte erano andate su e giù, misurando il tempo d'ogni 'vasca'. E le avevano etichettate: ragazze facili.
6. Se un ragazzo le piaceva andava a dirgli che lo voleva conoscere (di volerlo conoscere).
7. Le piaceva ascoltare le storie della gente. Così andavano a raccontarle di tutto. A volte anche quelle violenze in famiglia che avevano dato tanto scandalo nel suo libro.

2. Discorso indiretto. INTERVISTA CON GESUALDO BUFALINO

Nel corso dell'intervista Gesualdo Bufalino aveva detto che alle prime ombre della sera la villa si popolava di coppie di ragazzi e ragazze in allacciamenti effusi. Passeggiavano insieme in assoluta mescolanza, si insultavano, si baciavano, chiacchieravano. In parità di contegni, senza sipari, senza riserva. [...]
Non avrebbe detto del concetto di peccato che non esisteva, ma quello stesso d'infrazione si era volatilizzato. Fra i due sessi vi era una frequentazione quale si poteva trovare nelle città del Nord.

Alla prima domanda lo scrittore aveva risposto che erano immagini consunte, logorate. Ma la Sicilia ancora allora (a quel tempo / oggi) era seminata da isole dove sopravvivevano forme desuete del costume. All'interno di una stessa città esistevano famiglie tradizionali dove le antiche regole vigevano con la forza di una religione. Il vecchio e il nuovo si mescolavano, si fondevano. Era chiaro che se una ragazza aveva un padre anziano o una nonna brontolona, avrebbe avuto qualche difficoltà in famiglia. Ma erano fenomeni in via di estinzione.
Lui avrebbe detto che proprio quel che appariva era la novità della Sicilia. Stavano vivendo un processo di modernizzazione, di omologazione, cominciato una ventina d'anni prima, nel '68, sia pure giunto con quel ritardo tipico con cui arrivavano in Sicilia i fenomeni culturali. Tutto approdava lì con un paio di generazioni di ritardo, come il barocco che era fiorito in quella terra quando altrove già agonizzava. Allora (al presente / in quel momento) quel ritardo era di un paio d'anni, a volte di mesi. Ma c'erano relitti, [...]. Episodi come quello di Licata denunciavano una realtà agonizzante.

Quanto alle ragazze siciliane, secondo lui, somigliavano molto alle altre. Quel che di nuovo osservava in loro era un imbellimento strepitoso che lo rafforzava in una sua vecchia convinzione: che la bellezza potesse acquisirsi anche per contagio. [...]

Per quanto riguardava i maschi, se prima c'era in loro un sentimento di timidezza, che esplodeva in aggressività, al presente (oggi) si stava passando a una sci</tezza, a una disinvoltura in cui, però, forse rimaneva l'antica insicurezza. In una forma diversa: suscitata dal fatto che allora (oggi) la donna aveva acquistato un ruolo di dominatrice. Quando gli capitava di vedere quelle coppie, gli pareva proprio che fossero loro a prendere l'iniziativa: era la donna a baciare l'uomo, non lui che baciava lei. Avrebbe detto che c'era un'inversione di ruoli. [...]

Al commento dell'intervistatore che la Sicilia, così dipinta, sembrava davvero un'isola di liberi costumi amorosi, Gesualdo Bufalino ha ribattuto che lì era possibile che si varcassero dei confini per desiderio di emulazione. Come facevano i nuovi ricchi, che pensavano fosse loro dovere comperare sempre nuovi mobili, avere case sempre più grandi. Non escludeva lì una spregiudicatezza, che non era conquista, ma veniva cercata e voluta per desiderio di sprovincializzazione. Lì, in quell'area iblea dove lui viveva, dove formulava le sue impressioni. Perché la Sicilia non era una soltanto: erano almeno tre o quattro.

6. LINGUA

PROBLEMI NELL'APPRENDIMENTO DELLA LINGUA

1. Pronome relativo

1. CHE = informazioni
2. CHE = spiegazioni
3. CHE = parola / CHE = parola
4. CHE = spiegazioni
5. CHE = valori / CHE = valori
6. CHE = espressioni / IN CUI = frasi fatte / CHE = frasi e espressioni

2. Pronomi relativi

1. Il vocabolario è un libro che dà il significato delle parole.
2. Ecco una voce di dizionario che è formata dalla parola più le spiegazioni ad essa riferite.
3. In un dizionario ci sono molte parole che sono disposte in ordine alfabetico.
4. Ogni parola è seguita dai suoi vari significati che sono numerati.
5. Spesso una parola in combinazione con altre forma delle espressioni che compaiono dopo i vari significati.
6. Ogni parola ha una sua origine che il dizionario indica.

3. Pronomi relativi

1. Ecco un ottimo dizionario di cui ti ho parlato ieri.
2. È l'edizione del 1985 (a) cui ho fatto riferimento.
3. Il mio dizionario, il cui uso mi è di grande aiuto, è molto caro.
4. Questo è dunque il mio dizionario con cui io studio sempre.
5. In biblioteca ci sono molti dizionari, tra cui c'è anche il mio, di cui ti ho parlato ieri.
6. Il vocabolario è un libro interessante da cui si possono ricavare innumerevoli informazioni.

4. Pronomi relativi

di cui / che / il cui / chi / che / che / (a) cui

5. Pronomi relativi

1. Il dizionario è un libro il cui uso è molto utile.
2. Ho visto il dizionario di cui mi parlavi ieri.
3. Lo Zingarelli è un ottimo dizionario di cui ci si può fidare.
4. È come un amico su cui si può contare.
5. La libreria a cui ti puoi rivolgere per comprarlo è in pieno centro.
6. Il prezzo, che in questo momento non ricordo, si aggirerà sulle centomila lire.
7. Prima di acquistare un dizionario pensa agli usi per cui ti serve.
8. Ricordi quella parola strana di cui ti avevo chiesto il significato? Finalmente adesso so cosa vuole dire.

DIALETTO

1. Presente, passato prossimo, imperfetto

ha raggiunto / era / usavano / si è modificata / appare / sono scomparsi / dimostrano / ha reso / si sono indeboliti / sopravvivono / si è accentuato / risulta / rimane / erano / appaiono / si manifesta (si è manifestata) / aspettava / riguarda / aumentano (sono aumentati) / si servivano / scelgono.

2. Verbo 'piacere'

le piace / mi piace / mi piaceva / mi piace / mi piacciono / mi è mai piaciuto / ti piacciono / mi piacciono / mi piacciono / piace (piacerebbe) / piacciano (piacerebbero)

3. Condizionale

1. dimostrerebbe
2. avrebbe perso (perderebbe) / si sarebbe indebolito (si indebolirebbe)
3. parlerebbero
4. terrebbe
5. andrebbe
6. starebbe
7. metterebbero / confermerebbero

4. Paragoni

Le risposte possono variare. Quelle che seguono sono risposte possibili.

1. Negli anni Ottanta i dialetti risultano meno usati che negli anni Settanta.
2. Parlare la lingua nazionale offre migliori alternative di lavoro che parlare solo il dialetto.
3. L'uso del dialetto tra i giovani è meno diffuso dell'uso del dialetto tra gli anziani / L'uso del dialetto è più comune tra gli anziani che tra i giovani.
4. Oggigiorno i dialettofoni sono meno numerosi degli italofoni.

5. Suggerimenti

Le risposte possono variare.

6. Preposizioni

dal / all' / di / delle / di / dell' / dall' / degli / da / tra / coi / a / in / con / del / A / Tra / del / con

7. Verbi modali

possono / deve / possiamo / deve / ha voluto / ha potuto / voleva / voleva / doveva / ci si è potuti liberare

7. AMBIENTE

ARIA PROIBITA

1. Pronomi relativi

1. L'inquinamento è un problema da cui tutti i paesi sono affetti.
2. Per affrontare questo problema si è tenuto un convegno mondiale che ha avuto luogo a Toronto.
3. In questa occasione si è stabilito di ridurre le emissioni di anidride carbonica il cui accumulo contribuisce al 50% dell'inquinamento atmosferico.
4. Tra le varie soluzioni proposte c'è quella di sfruttare meglio il legno nei paesi in via di sviluppo in cui viene usato come combustibile da riscaldamento.

2. Pronomi relativi

che / chi / i cui / da cui / (a) cui / che (il che)

3. Discorso indiretto

Il sindaco di Milano ha spiegato che avrebbero bloccato il traffico la domenica soltanto se si fosse arrivati all'emergenza. Se fosse scattato il secondo segnale d'allarme, allora i milanesi avrebbero capito e avrebbero accettato quel sacrificio. L'idea non era respinta, era soltanto rimandata. Così avevano deciso il giorno prima nella seduta del consiglio comunale.

4. Tempi e modi

si sono svolte / Essendo / ha intervistato / esponesse / si è sentito / sarebbero stati (saranno) / avrebbero preso (prenderanno) / fossero stati eletti (saranno eletti) / si possono / debba (deva/dovrà)

5. Forma passiva

1. Le strade del centro potranno essere percorse solo dagli autobus e dai taxi.
2. La domenica il centro storico sarà chiuso completamente al traffico privato e tutta la città sarà suddivisa in strade riservate ai mezzi pubblici, alle biciclette e ai pedoni.
3. Con alcuni interventi il Tevere può essere reso navigabile in pochi giorni.
4. Sarà messo più verde a disposizione dei cittadini, rendendo accessibili le ville storiche.
5. Sarebbe resa obbligatoria la raccolta differenziata dei rifiuti in modo che il Comune possa riciclare gran parte di essi.
6. Verrebbe istituito un assessorato per gli animali e ne sarebbe vietata la chiusura negli zoo.
7. Sono stati progettati nuovi impianti di depurazione ed è stata pianificata una serie di cambiamenti all'interno degli uffici pubblici.

8. IMMIGRAZIONE

TRE OPINIONI A CONFRONTO

1. Concordanza dei tempi al congiuntivo

1. Era ragionevole ritenere che almeno un milione di terzomondiali fosse/fossero attualmente presente/presenti nel paese.
2. Si poteva dubitare che un sistema di barriere potesse funzionare.
3. Meno noto era che in una piccola fabbrica tessile milanese 26 operai italiani avessero fatto esplicita richiesta di licenziare 4 lavoratori del Senegal.
4. Il paese non poteva tollerare che una donna bianca venisse qui a dormire sotto lo stesso tetto con un negro.
5. Era paradossale che una situazione del genere toccasse e coinvolgesse un paese come il nostro.
6. Non c'era dubbio che occorressero limiti di controllo.
7. Trovavo che fra le righe dell'inchiesta fossero contenute soluzioni possibili.
8. La ricerca cominciava con lo sfatare due luoghi comuni: che gli immigrati fossero tutti dei poveracci, o che al contrario si trattasse solo di élites.
9. Proliferavano in tutta Italia petizioni perché i comuni non assegnassero alloggi gratuiti agli 'stranieri extracomunitari'.
10. Era un'integrazione che durava solo a patto che non si cercasse di uscire dal proprio status.

2. Congiunzioni subordinanti che esigono il congiuntivo

Affinché / sebbene / Perché / A meno che non / purché

3. Frasi subordinate che esigono il congiuntivo

1. capissimo
2. diventasse
3. siano
4. si verifichino
5. fosse stato rinnovato
6. si siano date da fare
7. fosse presa (fossero presi)
8. si attui

ATTIVITÀ INTEGRATIVE

C'era una volta pietra su pietra : Avio

Anche un fabbro che forgia attrezzi come una volta può fare spettacolo

Avïo, in Vallagarina, è il comune più meridionale del Trentino al confine con la provincia di Verona. Il borgo, di origine romana, è circondato da vigneti e da qualche uliveto che caratterizzano il paesaggio e l'economia sostanzialmente agricola della zona. Il castello sorge sul colle che sovrasta l'abitato di Sabbionara, un paio di chilometri a nord del capoluogo comunale.

Come ci si arriva. A circa metà strada fra Trento e Verona (47 chilometri dal capoluogo trentino e 48 dalla città veneta) Avio si può raggiungere in automobile dall'Autobrennero uscendo al casello Ala-Avio e prendendo la provinciale sulla destra dell'Adige.

Da vedere. Il castello è aperto tutti i giorni, tranne il lunedì (a meno che non sia festivo) e il mese di gennaio. Orario: da febbraio a settembre, ore 10-12 e 13-18; da ottobre a dicembre, ore 10-16. Ingresso lire 2000, ragazzi e studenti lire 1000. Oltre all'antico maniero, ad Avio da visitare la pieve romanica nel cimitero all'imbocco della valle Aviana sulla strada per il monte Baldo (un chilometro dal centro del paese). Nel centro di Avio e di Sabbionara si trovano antiche case patrizie e case contadine con portali in pietra, decorazioni e affreschi sulle facciate.

Escursioni. Da Avio si raggiunge facilmente soltanto con l'automobile o il minibus il monte Baldo, interessante per le rare specie di flora tanto da essere denominato "Hortus Europae". Passato il paese, si imbocca la valle Aviana dove è possibile notare alcuni vecchi mulini lungo il torrente. Percorsi 12 chilometri, si arriva a Pra' da Stua. È consigliabile svoltare a sinistra seguendo le indicazioni per Dossioli-Pra' Alpesina. In località Cola deviazione verso Madonna della Neve (a mille metri d'altitudine, cinque chilometri parte in strada bianca), punta di partenza per numerose escursioni. Particolarmente affascinante, da maggio a ottobre, il "Giro delle malghe", attraverso i sentieri che si snodano fra estese pinete, secolari faggete, gli alpeggi e le antiche casare. Una sosta a Malga Valdomenegal Prima per assistere alla lavorazione del latte: informazioni albergo Apino, telefono 8.65.69. Nelle vicinanze l'accogliente rifugio Monte Baldo aperto da giugno ad ottobre, telefoni 6.46.36-8.65.53. Ritornati alla località Cola, salire fino a Pra' Alpesina (1400 metri) e quindi, svoltando a destra, imboccare la strada Graziani (durante la stagione invernale rimane chiusa) per raggiungere la riserva naturale di Corna Piana.

A sud di Avio, sulla statale del Brennero a cinque chilometri dal paese, San Leonardo. Nell'immenso parco ci sono un museo, privato, della civiltà contadina (informazioni al 6.50.04) e un'antica chiesetta. In località Rocca nella valle di Ronchi, comune di Ala, cinque chilometri a nord di Avio, si trova l'ultimo maglio azionato da un mulino ad acqua: a metà febbraio, l'anziano fabbro ferraio Francesco Cortiana torna al lavoro per forgiare zappe, roncole, accette e coltelli. Per raggiungere l'antica officina, è sufficiente telefonare al 6.17.14.

Rovereto, 25 chilometri a nord sulla statale del Brennero, merita una visita per l'interessante centro storico: il castello Veneto con il Museo storico italiano della guerra, telefono 43.81.00; il Museo Depero, 45.21.94; la campana dei caduti sul colle di Miravalle, 43.44.12. Da piazza Podestà a Rovereto, salendo tre chilometri attraverso la strada per Vallarsa, si raggiunge l'affascinante eremo di San Colombano.

Che cosa comperare. I vini Marchese Guerrieri Gonzaga di San Leonardo, all'ingresso della tenuta agricola sulla statale del Brennero; quelli prodotti dalla Cantina sociale di Avio in via Dante e dall'azienda Armando Simoncelli in località Navesel di Rovereto (deviazione a destra sulla statale per Riva del Garda, telefono 43.23.73). Formaggi e burro si possono acquistare alla latteria sociale di Sabbionara in via San Vigilio sulla strada per il castello.

Alberghi e ristoranti. Ad Avio, l'albergo *Vignola*, viale De Gasperi, 6.40.15; ad Ala il *Città di Ala*, statale del Brennero, 6.12.62; a Rovereto il *Leon d'Oro*, via Tacchi 4, 43.73.33. Sul monte Baldo, oltre all'omonimo rifugio, il *San Giacomo*, 8.65.60-8.65.52. Cucina tipica alla trattoria *Castelbarco* di Sabbionara, 6.41.34 (chiusa il sabato), al *Mulino* nella valle Aviana, 6.42.47 (chiuso il martedì). A Rovereto si pranza al *Borgo* dei fratelli Dalsasso, via Garibaldi 13, 43.63.00 (chiuso domenica sera e lunedì); di ottimo livello il *Mozart 1769*, via Portici 36, 43.07.27 (chiuso martedì e mercoledì a mezzogiorno).

Informazioni. Al Fondo ambiente italiano di Milano, 02/4.69.36.93; direttamente al castello 6.44.53, al comune di Avio, 6.40.41; o all'Azienda di promozione turistica di Rovereto e della Vallagarina 43.03.63. Il prefisso teleselettivo della zona è 0464. ☐

Bell'Italia, n. 46, febbraio 1990

Un tratto delle antiche, massicce mura di Rovereto. Tra le due torri appare il campanile della bella chiesa di San Marco, la cui costruzione risale al 1462. La facciata della chièsa, che è stata più volte ristrutturata, è invece recente, di appena 40 anni fa.

C'era una volta pietra su pietra: Avio
(*Bell'Italia*, n. 46, febbraio 1990)

Dove si trova

Come ci si arriva

Che cosa c'è da vedere

Gite ed escursioni

Che cosa si può comprare

Dove si può alloggiare e mangiare

A chi ci si può rivolgere per ottenere informazioni

I sassi dai cavalcavia, le roulette russe, i motorini lanciati col rosso

Giovani senza futuro col tic della violenza

di MASSIMO AMMANITI

Continuano a giungere segnali allarmanti dalla galassia dei giovani e degli adolescenti. Un adolescente che si uccide sfidando la morte col gioco della roulette russa oppure giovani che si lanciano a tutta velocità col motorino per attraversare gli incroci stradali quando il semaforo è rosso. Chi pensava che i giovani di Tortona rappresentassero un esempio estremo e distorto è continuamente costretto a ricredersi, il malessere giovanile è molto diffuso e prende strade diverse, spesso imprevedibili.

Ritornando oggi alla vicenda dei giovani che tiravano sassi dal cavalcavia, rimangono senza risposta numerosi interrogativi, a cui si dovrebbe cercare di rispondere.

1. Chi erano i giovani implicati? Dalle notizie emerse dall'indagine giudiziaria si tratterebbe per lo più di giovani fra i 20 e i 30 anni. E come scrive il sociologo Alessandro Cavalli, curatore del libro *Senza fretta di crescere* (Liguori, pagg. 203, lire 28.000), i giovani, oggi, non sarebbero più adolescenti, proprio perché nell'adolescenza sono in primo piano i cambiamenti personali, cominciando da quelli corporei e sessuali.

Al contrario l'età giovanile, che inizia dopo i venti anni, si caratterizzerebbe, soprattutto in Italia, come un periodo interminabile di stagnazione. E questo vale per i giovani di classe media che rimangono spesso parcheggiati all'Università, quasi ad evitare il confronto per lo più fallimentare col mondo del lavoro. Anche per i giovani delle classi più basse il destino è ugualmente privo di prospettive. Usciti da una scuola, che non li ha saputi motivare allo studio, cominciano i primi lavoretti, precari e saltuari, da cui tirano fuori qualche soldo per pagarsi la pizza di sera o per andare in discoteca con gli amici. Come i protagonisti del film scozzese *Trainspotting*, non entrano mai nella vita, continuano a vivere in famiglia, dove trovano un letto, le camicie lavate e un piatto di spaghetti, quando sono finiti gli ultimi soldi.

Si è ormai inceppato il meccanismo di riproduzione della nostra società. Una società senza ricambio in cui le università non assorbono le risorse dei giovani perché non ci sono posti e i sindacati e i partiti difendono esclusivamente gli occupati. Addirittura c'è chi teme che nel futuro i giovani non potranno avere più la pensione, perché il sistema si è intasato.

Questa stagnazione e questa mancanza di futuro provocano dei guasti tremendi fra molti giovani, che bivaccano nella notte riempiendo le città di graffiti, correndo come disperati coi motorini e con le macchine. E gli adulti assistono silenziosi a questo sfacelo, allarmati solo quando questa «gioventù cannibale» esce fuori dai suoi recinti.

2. Questi giovani vivevano solo in branco? Il continuo paragone col branco dei lupi è sbagliato, perché il branco animale serve a garantire la sopravvivenza e la difesa dai pericoli. Il gruppo dei giovani ha invece altre caratteristi-

> **I ragazzi di Tortona non rappresentano un esempio estremo Il malessere è diffuso e prende strade spesso imprevedibili**

che, di cui hanno parlato molti psicoanalisti come Bion e Blos. Mentre durante i primi anni dell'adolescenza il gruppo è una necessità per staccarsi psicologicamente dalla famiglia, successivamente diventa sempre più un ostacolo alla crescita. È un luogo in cui ci si può nascondere e mimetizzare, nessuno è individualmente responsabile e all'io si sostituisce un noi di cui si perdono i contorni. E poi nel gruppo agiscono forze sotterranee inconsce che sono difficilmente controllabili e possono prendere direzioni molto pericolose.

3. Che cosa avevano in testa questi giovani? I resoconti dei giornali hanno cercato di rispondere all'ansia diffusa di capire che cosa veramente pensavano questi giovani, quando lanciavano i sassi dal cavalcavia. E chi leggeva rimaneva disorientato dai pareri degli esperti (psichiatri, psicoanalisti e sociologi), che si lanciavano in interpretazioni disinvolte, la

«sindrome di Peter Pan», «il complesso di Erostrato» e così via, perdendo ancora una volta l'occasione di usare le proprie competenze per illuminare, se possibile, un' opinione pubblica disorientata. Sull'altro versante c'è stato presentato il deserto mentale di questi giovani, il «niente», dimenticando che per comprendere più a fondo il mondo di questi giovani occorre un contesto di incontro ben diverso, in cui ci sia una sufficiente fiducia fra gli interlocutori, senza la spada di Damocle dell'inchiesta giudiziaria e senza la presenza ingombrante di avvocati, giornalisti e fotografi.

A questa domanda è impossibile rispondere in questo momento, forse bisognerebbe attingere ad indagini sul mondo giovanile in cui siano stati rispettati i minimi requisiti per avvicinarsi ai giovani e volerli capire, anche se questo implica tempo e riservatezza. Sicuramente la letteratura giovanile degli ultimi anni, ma anche gli scritti di Pasolini, hanno anticipato ancora una volta molte scoperte scientifiche della psicoanalisi e della psicologia, come aveva ripetutamente scritto Freud all'inizio di questo secolo.

4. E noi? Credo che opportunamente il cardinal Martini abbia messo in luce l'altra faccia del problema che per troppo tempo è stata mantenuta in ombra. Ci sono sicuramente responsabilità che riguardano i giovani e questi in particolare, ma non dimentichiamo le inadempienze della società degli adulti. In primo luogo responsabilità educative che hanno delle origini lontane. Alle proteste degli studenti e dei giovani degli ultimi anni si è sempre risposto cercando di insabbiare tutto e di rimandare la soluzione dei problemi. I giovani non venivano considerati dei veri interlocutori e si preferiva piuttosto blandirli, come succedeva ad esempio col voto politico o con l'esame di gruppo, ai tempi della contestazione studentesca.

Nessuno si è assunto la responsabilità di mettere dei limiti e dei confini, accettando anche il contrasto e in qualche caso lo scontro. E i giovani hanno sicuramente bisogno che gli adulti accettino la loro sfida, come scrisse lo psicoanalista inglese Winnicott, perché questo li aiuta a trovare a delimitare il proprio sé.

la Repubblica, 1/3/97

Giovani senza futuro col tic della violenza
(la Repubblica, 1/3/97)

Tema dell'articolo

Episodio di cronaca che dà spunto alle riflessioni dell'articolista

Quello che contraddistingue la situazione dei giovani oggi in Italia

L'importanza di appartenere 'al gruppo' e come questo influisce sull'identità dei giovani

C'è un perché dell'azione criminale dei giovani di cui si parla, c'è modo di comprendere il loro universo?

Responsabilità e manchevolezze degli adulti nei confronti dei giovani

---

Spunto per riflessione collettiva

Che cosa suggerisce la parola 'tic' nel titolo per decodificare il punto di vista dell'articolista?

UNA RICERCA ESCLUSIVA PER "REPUBBLICA": CHI SI DESIDERA
AVERE ACCANTO TRA I 16 E I 25 ANNI? LE RISPOSTE SONO UNA SORPRESA

RICCHI e famosi

Il nuovo partner ideale dei giovani anni Novanta

di ANNALISA USAI

TIMIDI, introversi, mingherlini, dubbiosi e intellettuali, siete "out". Fuori il tormentato e dannato James Dean, muscoloso ma troppo piccolo di statura e dentro il divo televisivo Luca Barbareschi. Fuori Marilyn Monroe, morbida e fragile, nonchè pericolosamente alla ricerca di un uomo che la sposasse e dentro l'ultra indipendente (e catodica) Alba Parietti.

Molti dei miti femminili e maschili che hanno dominato questo mezzo secolo sembrano destinati a scomparire in soffitta. La donna ideale della seconda Repubblica è bella, sportiva, intraprendente, aggressiva, dura, coraggiosa, avventurosa. Una femminilità grintosa, a cui l'uomo possa dire: stupiscimi e portami novità. E il maschio ideale? Muscoloso, alla moda, dinamico, estroverso. Che abbia successo e guadagni bene, che sia intraprendente, misterioso, dolce e aggressivo.

Questo "l'ideal-tipo dei giovani anni Novanta" descritto in una ricerca del centro studi "La Metropoli" su un campione di 1.010 giovani tra i 16 e i 25 anni di Roma, Napoli e Milano e che *la Repubblica* presenta in esclusiva. Una fotografia della società italiana giovane che va vista, come sempre in questi casi, più nelle zone d'ombra che nelle risposte esplicite, e che fa emergere alcune novità interessanti.

L'età ideale, ad esempio. Per il 41 per cento degli intervistati la donna deve essere coetanea o più grande, e appena un 16 per cento la preferisce più giovane. Sì alla donna adulta quindi e lontani dalle Lolite. Ma non solo: alla domanda «quale tipo di vita vorresti che avesse il tuo partner?» il 45 per cento degli intervistati ha risposto "avventurosa"; il 15 per cento vuole che lei sia coraggiosa; il 23 per cento la sogna aggressiva; il 19 per cento la preferisce dura, e il 60 per cento la vuole decisa. Insomma, l'immaginario maschile sulle donne è ormai cambiato. Senza decretare la fine della donna sottomessa e obbediente, questi giovani, i trentenni del Duemila, sembrano desiderare una partner che tenga in pugno la situazione, che non

sia lamentosa, che garantisca forza e fermezza, che non dipenda né economicamente né emotivamente. Un modello di femminilità pericolosamente simile al maschile tradizionale, quello in cui per vincere bisogna avere idee forti e sentimenti decisi. L'uomo dei sogni, così come viene descritto nella ricerca, sembrerebbe più che altro una conseguenza, non sappiamo quanto felicemente accettata, di questo nuovo ideale femminile. E infatti: non importa che sia coraggioso, qualità che chiede appena il tre per cento delle intervistate. Basta che sia di aspetto gradevole, non bello ma muscoloso, che sia estroverso, che sappia scherzare, che sia dinamico, deciso (45 per cento), intraprendente (72 per cento). Ma l'essere dolce e aggressivo (una definizione erotico-amorosa tipica del linguaggio giovanile e dei fotoromanzi, che raggiunge il 73 per cento del gradimento) e l'essere enigmatico (per il 26 per cento), sembrano più un'esigenza di facciata, utile alle donne per essere rappresentate socialmente da un uomo che deve comunque aver successo (47 per cento) e guadagnare (40 per cento).

È significativo che la necessità che lui faccia carriera sia richiesta solo dal dieci per cento delle intervistate: forse perché il termine "carriera" appare, in questa generazione, troppo legato a discorsi familiari su scatti di anzianità, avanzamenti, promozioni, qualcosa che con lo *smart* del successo ha poco a che fare. Una risposta collegata al trinomio guadagno-successo-carriera ha attirato l'attenzione dei ricercatori: di fronte al problema di conciliare i propri interessi con la vita di coppia, il 57 per cento delle ragazze ha risposto che «non sempre è importante». E visto che è di pochi giorni fa l'ennesimo allarme demografico (siamo il Paese del mondo che fa meno figli, 1,2 per ogni donna), viene da chiedersi se non ci troviamo di fronte a coppie che abbiano già inconsciamente scelto di essere sterili. Coppie che, privilegiando più l'esteriorità che il rapporto, più l'apparire che la sostanza, evidenziano quei motivi soggettivi, che spesso sfuggono agli studiosi, che portano alla decisione di non fare figli. «C'è concretezza e menefreghismo», dicono Massimo Borgognoni e Cristina Gallo, «una sorta di destino a vivere nell'immaginario e non nella realtà, perché sembra una generazione che vuole qualcosa di più, che nella vita quotidiana non riesce a trovare».

E non a caso trionfano il mito della fitness, del corpo perfetto, dell'apparire: per entrambi i sessi lo sport è al primo posto negli interessi, seguito dalla musica.

Cinema, teatro, rapporto con la natura, così come impegno sociale e politico, sono aspetti della vita che importano poco o niente. Solo il sette per cento delle intervistate desidera che il partner abbia curiosità per la politica, e nessun intervistato desidera che la sua donna ideale si occupi della natura (dato che farà inorridire gli ambientalisti), contro un 26 per cento complessivo che indica con "niente" il desiderio di impegno per il/la propria partner.

«Mi fa impazzire se è pieno di vitalità, di impegni e mi trasmette la sua energia. Non deve dire e fare cose scontate, mi deve continuamente stupire»; «un uomo deve essere dinamico, estroverso e molto misterioso, con dei lati oscuri del carattere che scopro pian piano», dicono alcune intervistate. Lui vuole lei avventurosa e imprevedibile, lei vuole lui dinamico. E la vita "tranquilla" non interessa. Ma soprattutto giocano un ruolo fondamentale la novità, il mistero, la sorpresa. Ragazzi e ragazze vogliono un partner «che sappia stupirli» (31 per cento), lui chiede che lei sia «piena di novità» (21 per cento) e lei lo vuole enigmatico (26 per cento). Si tratta del capitolo che i ricercatori Gallo e Borgognoni titolano "Sorprendente, misterioso e protagonista", dove scrivono: «Giovani alla ricerca di esperienze che rompano la monotonia, di

partner che abbiano il potere di stregare, che sappiano stupire, ma anche provocare un'esplosione di immaginazione, che renda la realtà più bella, meno alienante, più vivibile».

Infine il capitolo "sesso e amore", dove i bisogni sembrano due: coppia stabile, con i corollari di fedeltà e gelosia, ma anche coppia aperta. La sfera sessuale viene spesso vissuta in modo autonomo da quella sentimentale, anche se altrettanto spesso sesso e amore sono inseparabili. Discordanti le risposte femminili e quelle maschili. Il 34 per cento dei ragazzi mette al primo posto il sesso, contro il 29 per cento delle ragazze che chiede l'amore. Anche su gelosia e fedeltà alcune differenze significative: le ragazze chiedono la fedeltà ma non sopportano la gelosia, e la coppia aperta le interessa meno. I ragazzi invece vogliono che lei sia più gelosa che fedele e che abbia una propensione per la coppia aperta. L'incontro deve essere scherzoso, intelligente, giocoso. E la scintilla deve scoccare con lo sguardo, le parole e i gesti sono pressoché inutili. Ha successo chi è intraprendente, resta radicato il desiderio che sia lui a prendere l'iniziativa, anche se il 10 per cento di ragazze vorrebbe prenderla lei, mentre il 18 per cento dei ragazzi preferirebbe che fosse la donna a rompere il ghiaccio. «Sono risposte che rispecchiano il bisogno di ragazzi e ragazze di avere accanto un partner sfidante che, con le redini in mano, decida e agisca in risposta ai desideri dell'altro con determinazione, e soprattutto che non gli chieda responsabilità» è il commento dei ricercatori. E concludono i maschietti: «Deve essere una ragazza libera che sa stare in una coppia aperta. È meglio che sia gelosa, è più affascinante», oppure: «deve essere gelosa e farmelo capire, avere le sue esperienze senza chiudersi nel rapporto».

Ricchi e famosi
(la Repubblica, 11/7/94)

Tema dell'articolo

L'UOMO IDEALE

LA DONNA IDEALE

Interessi per entrambi i sessi

Dove e in che modo sono discordanti le risposte maschili e quelle femminili

Opinioni espresse dai ricercatori

Per discussione collettiva

E per voi? Esprimere le proprie preferenze e commentare i risultati ascoltati in base alle proprie convinzioni ed esperienze.

Atenei efficienti la sfida di Berlinguer

di ALESSANDRO FIGA' TALAMANCA

CI sono molte novità riguardanti l'università nella nuova legge Bassanini di semplificazione dell'azione amministrativa. Ma ce ne è una che non mancherà di suscitare discussioni: la legge prevede che il ministro dell'Università possa indicare con un decreto per quali corsi di laurea ci sarà una limitazione alle iscrizioni. In altre parole il ministro, potrà, per decreto, istituire, confermare o abolire il «numero chiuso».

Il primo decreto in applicazione della legge è in effetti già pronto, anche se la scelta dei corsi a iscrizione limitata non è ancora definitiva. Ma non è di questa scelta che vale la pena di parlare. La novità del decreto preparato dal ministro Berlinguer è un'altra. Anche se il numero chiuso, peraltro già vigente, sarà confermato in poche facoltà, mettendolo al riparo da ricorsi e contestazioni, lo scopo del provvedimento del ministro è di segno opposto. Non si propone infatti di allontanare i giovani dagli studi universitari, ma di offrire invece ad un maggior numero di studenti effettive possibilità di studiare, imparare e conseguire un titolo di studio universitario, favorendo le condizioni obiettive perché aumenti il numero di coloro che completano un percorso didattico completo e si riducano i ritardi nel conseguimento dei titoli.

Gli strumenti ordinati dal ministro a questo scopo non saranno certo panacee. Ci sarà chi li giudica insufficienti o velleitari. Saranno, in molti casi, difficili da amministrare. Potranno essere in più di un punto criticabili. Bisogna però riconoscere che questo è il provvedimento ministeriale sull'università che, anziché occuparsi dei docenti, delle loro beghe, delle loro risse sui concorsi o della distribuzione dei loro fondi di ricerca, affronta il nodo centrale dell'inefficienza del sistema universitario e propone alcuni rimedi.

Franco Bassanini

Cambia il sistema di "accesso" alle università

Lascerò quindi ad altri il commento sull'eventuale inclusione tra i corsi di laurea a numero chiuso, di quello in Scienze della Comunicazione, sul quale vigilano Umberto Eco e l'Ordine dei Giornalisti.

Cercherò piuttosto di capire e di spiegare come il ministro vuole combattere gli abbandoni ed i ritardi nel conseguimento dei titoli universitari attraverso una riforma del sistema di «accesso» alle facoltà universitarie.

Come per la riforma dei cicli scolastici, la parola chiave è «orientamento». Ma il suo significato è ben più preciso di quanto non siamo abituati a leggere sui documenti che su questo tema hanno finora circolato negli ambienti del Ministero dell'Università. Non si tratta di fornire informazioni ben confezionate (usando magari costosi mezzi «multimediali») sulle diverse facoltà e sui loro ipotetici sbocchi professionali. Né di amministrare «test» attitudinali di dubbio valore importati a scatola chiusa dall'America. Certamente è anche prevista una campagna di informazioni diretta agli studenti dell'ultimo anno delle scuole secondarie, i quali potranno «preiscriversi» con un anno di anticipo nelle facoltà di loro scelta.

MA il piatto forte saranno i corsi di preparazione, orientamento e selezione delle matricole che le università allestiranno nei mesi di settembre e ottobre, per saggiare la capacità degli immatricolati di avviarsi agli studi universitari nelle diverse discipline. Solo per le facoltà a numero chiuso questi corsi saranno utilizzati per formare una graduatoria per l'ammissione. Per le altre facoltà invece, anche quando saranno resi per tutti obbligatori, serviranno ad orientare gli studenti sulle proprie inclinazioni e le proprie capacità di impegnarsi in determinati studi. Le prove ed i risultati di questi corsi offriranno anche alle università uno strumento preciso per valutare il livello di preparazione degli studenti che si iscrivono al primo anno e sono seriamente interessati agli studi.

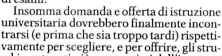

Luigi Berlinguer

Corsi per orientare e selezionare le future matricole

È su questi studenti che si deve misurare la capacità delle università di fornir loro un'istruzione adeguata, conducendoli al conseguimento di un titolo universitario. Certamente non sugli studenti immaginari, provenienti da un liceo immaginario, dove si impara tutto e solo quello che serve per capire le lezioni del professore, gli studenti insomma che il tipico docente universitario finge di avere davanti a sé al primo anno. Ma nemmeno sugli studenti che pensano che il primo anno universitario sia una vacanza che dura otto mesi e si conclude con un'affrettata preparazione mnemonica a un paio di esami.

Insomma domanda e offerta di istruzione universitaria dovrebbero finalmente incontrarsi (e prima che sia troppo tardi) rispettivamente per scegliere, e per offrire, gli strumenti, i metodi ed i contenuti più appropriati dell'insegnamento. Questo incontro tra docenza e discenza, al di là delle descrizioni astratte dei diversi insegnamenti e facoltà e delle velleitarie aspirazioni degli studenti, è condizione necessaria, anche e forse non sufficiente per un miglioramento del servizio didattico. Come si può pensare infatti di migliorare un servizio senza conoscere le esigenze degli utenti?

DETTO questo dobbiamo ammettere che il programma delineato nel decreto Berlinguer è irto di difficoltà apparentemente insormontabili, che nella migliore delle ipotesi ci vorranno anni a realizzarlo, e che tutti gli slogan più triti dalla «autonomia universitaria» alla salvaguardia della «qualità degli studi» saranno invocati per contrastarlo. Basta pensare che per attuare il decreto del ministro le università dovranno distribuire risorse ed in particolare assegnare personale docente in modo da far fronte alla nuova esigenza di orientamento, preparazione e selezione delle matricole; in alternativa o in aggiunta dovranno assegnare compiti didattici potenzialmente ingrati a docenti abituati a insegnare solo le proprie discipline specialistiche. Quali organi accademici saranno in grado di fare queste scelte? E come saranno incentivati ad agire in questa direzione? Quali saranno le penalizzazioni per gli atenei o le facoltà che non si adegueranno a questo programma? Come saranno valutati gli effetti delle misure proposte? Se la valutazione sarà fatta sulla base del maggior successo nel profitto degli studenti come sarà evitata una corsa al ribasso degli standard?

La strada per migliorare l'efficienza didattica delle università è dunque ancora tutta in salita. Ma il ministro si merita un riconoscimento per averla finalmente intrapresa.

Atenei efficienti
la sfida di Berlinguer
(*la Repubblica*, 23/5/97)

Tema dell'articolo

Quale importante novità riguarda l'università nella nuova legge Bassanini di semplificazione dell'azione amministrativa?

Scopo del decreto preparato dal ministro dell'Università Berlinguer

Cambia il sistema di "accesso" alle università. In che modo?

Differenza tra le facoltà a numero chiuso e le facoltà senza numero chiuso

Tipo di utenti (potenziali future matricole) da tenere presenti nell'attuazione della riforma del sistema di accesso alle università

Difficoltà di attuazione del decreto Berlinguer

la Repubblica, 25 NOVEMBRE 1996

"I figli non si cacciano da casa"

Il pretore obbliga la madre a riprenderlo anche se adulto

di CARLO GULOTTA

FERRARA — Una madre non può cacciare di casa il figlio. Nemmeno se il ragazzo è maggiorenne, ha un buon lavoro e se il suo reddito è superiore a quello della madre. È questo il senso di un' ordinanza del pretore di Ferrara, Francesco Salzano, che ha obbligato una donna di 46 anni ad accogliere di nuovo a casa sua il figlio di 24 anni che lei aveva allontanato.

La vicenda risale all'agosto scorso, quando la signora Maria Rosa, operaia stagionale in un' azienda alimentare, separata da un anno, con un'altra figlia di 11 anni, dopo aver riflettuto a lungo, ha preso una decisione sofferta, forse discutibile, ma irrevocabile. Una sera, stanca di un *ménage* familiare che lei stessa definisce «intollerabile», ha cambiato le serrature di casa e garage e ha lasciato fuori casa il suo Luca, benzinaio, con la passione per le belle auto e gli abiti firmati.

Secondo il ragazzo, la mamma non gli avrebbe nemmeno permesso di salire un momento per prendere le sue cose dall'appartamento. Luca, per qualche giorno, ha chiesto ospitalità alla nonna paterna. Ma poi ha deciso di rivolgersi a un avvocato per essere riammesso nella casa dove aveva sempre vissuto. Voleva far valere le sue ragioni.

E il pretore lo ha accontentato. «Non emerge che col proprio carattere e la propria condotta abbia reso del tutto intollerabile la vita familiare — scrive il giudice Francesco Salzano, dopo aver preso a verbale le testimonianze di alcuni familiari —. Non appare accettabile la tesi di parificare all'ospite il coniuge e gli altri familiari conviventi. In tal senso deve ritenersi che il figlio convivente eserciti un potere di fatto sull'abitazione nella quale vive stabilmente e abbia la detenzione qualificata del bene».

Insomma, Luca può tornare a casa, anche se quella del pretore è un'ordinanza e non una sentenza, contro la quale l'avvocato della madre, Maria Rita Reny, ha già annunciato l'opposizione formale.

«Continuo a pensare che un figlio ha diritto di restare a casa solo fino a quando non diventa autosufficiente», dice l'avvocatessa. Per ora il ragazzo, che fra qualche mese avrà a disposizione un alloggio della zia, vive ancora dai nonni paterni. Ma la

Virna Lisi nello sceneggiato: "E non se ne vogliono andare"

legge dice che potrebbe tornare a casa con la mamma e la sorellina in qualsiasi momento.

«In tal caso sarò io ad andarmene — dice la signora Anna Maria — la nostra convivenza è diventata molto difficile dopo la separazione, Luca andava d'accordo più col papà che con me, e gli ho detto tante volte che poteva andare a vivere con lui. Sia chiaro, io non ho cacciato un ragazzo minorenne: mio figlio lavora e può mantenersi da solo. Ma non si poteva più continuare così. È stata una decisione molto sofferta, ci ho pensato su per mesi. E il risultato è che adesso sto facendo la figura della 'mamma cattiva'. A questo punto non so se lo rifarei».

La signora Anna Maria, per difendere suo figlio, non vuol dire quali sono i motivi che l' hanno portata ad un gesto tanto estremo. Ma suo fratello si lascia sfuggire che in quella casa c'era molta tensione. «Luca ha alzato le mani su sua madre, l'ha picchiata, insultata, spesso perdeva le staffe e rompeva tutto in casa. Eppoi ha sempre rifiutato di contribuire al bilancio familiare, e dire che il suo stipendio è buono. Non ha problemi particolari, penso alla droga o all'al-

col, per esempio. Assolutamente no. Ma preferisce spendere i suoi quattrini in belle auto e abiti firmati. Sono stato io a pagare le serrature nuove per non farlo più entrare in casa, e non me ne pento affatto».

L'avvocato del ragazzo, Luca Esposito, è soddisfatto. «Il fatto è che ormai i ragazzi se ne vanno di casa sempre più tardi, e

non lo si può ignorare».

Dalle ultime statistiche risulta infatti che, seppure grandi e autonomi, i ragazzi tendono a rimanere in famiglia anche fino a trent'anni. Le motivazioni sono diverse, dalla mancanza di lavoro o, anche, dalla paura di impoverirsi dovendo pagare un affitto di casa.

Il pretore dà torto a una madre che vuole mandar via il suo ragazzo da casa

I figli, eterni ospiti

di CURZIO MALTESE

Il pioneristico tentativo di una madre di Ferrara per liberarsi dall'oppressione casalinga di un figlio dispotico, geloso e noioso come un vero marito, cambiando le serrature di casa, s'è scontrato contro il mammismo della legge italiana. Il pretore di Ferrara ha infatti obbligato la madre "snaturata" a riprendere in casa il fanciullone, in pratica condannandola a vita al ménage da Psycho.

Una sentenza così illiberale da far fremere i rari, autentici garantisti italiani. È evidente che la signora ha tutte le ragioni per chiedere il "divorzio" dal figliolo maggiorenne, svezzato, occupato e perfettamente in grado di mantenere se stesso e un'eventuale e auspicabile nuova famiglia. Si fosse trattato d'un vero marito, il tribunale non avrebbe avuto difficoltà a concedere la separazione e magari gli alimenti. Ma dai figli, per la legge mammona, non si può mai divorziare.

Tocca sopportarli nella buona e nella cattiva sorte, finché morte non vi separi. E perché, se l'amore è finito? Perché anche l'amor materno, orrore, può finire. Soprattutto in presenza di un adorato figlio che ci marcia e lo usa come un ticket per accedere a una serie di servizi: lavaggio e stiraggio camicie, buoni pasto, assistenza socio-sanitaria, alloggio e trasporti gratuiti, prestiti agevolati a tasso zero, eccetera.

Sconfitta in tribunale, la madre di Ferrara è comunque un'eroina dei nostri tempi. Siamo alla vigilia di una nuova rivolta generazionale. Soltanto che stavolta tutto lascia supporre che si tratterà della rivolta dei genitori contro i figli.

Sono ormai centinaia di migliaia le mamme e i padri pronti a seguire l'esempio di quella madre, a rompere i nuovi tabù familiari. Genitori cinquantenni che si sentono schiacciati da una doppia servitù familiare. L'antica nei confronti degli anziani genitori, bisognosi di cure e colpevolizzanti, e l'altra moderna nei confronti degli anziani figli, incapaci di cavarsela da soli, depressi, passivi, teledipendenti e altrettanto lagnosi e colpevolizzanti della nonna.

Che fare? Spedire uno all'ospizio e l'altro su una strada, per poi triturarsi nel rimorso? Cambiare le serrature di casa e della macchina, sperando che il ragazzo la prenda bene, senza denunciarti alla magistratura o presentarsi il giorno dopo con l'ascia in mano, come ha imparato da Stephen King e Pietro Maso?

Nel dubbio i più seguitano a lavorare come bestie, sprezzanti del colesterolo, dello stress e dei conseguenti rischi d'infarto. Pochi avventurosi infilano la porta di casa, bofonchiando scuse, e si eclissano per pochi, felici anni nel vasto pianeta. Ma presto o tardi vengono ripescati in capo al mondo da «Chi l'ha visto?», dove ormai si vedono soltanto ventenni e trentenni in lacrime con le foto segnaletiche del genitore e l'aria apprensiva delle mamme di una volta.

Se molti non l'hanno ancora fatto, non si sono liberati dalla dittatura della prole, versione contemporanea e assai destrorsa della dittatura del proletariato, è per un misto di perdonismo cattolico (all'estero si continua a spingere i figli fuori casa appena possibile) e di sottomissione alla dilagante cultura del piagnisteo che permea la generazione X.

Per carità, i giovani hanno molte ragioni per lamentarsi. Hanno ereditato una scuola penosa, un deficit gigantesco e pochi posti di lavoro. Gli hanno davvero «rubato il futuro». Ma rimanere in famiglia fin oltre la trentina, fra le forfore della nonna, in attesa che babbo provveda e raccomandi e mammà lustri gli scarponcini da rapper, non è il modo migliore per riprenderselo. Tanto più se il ragazzo può contare su un lavoro ben avviato, come nel caso dell'Edipo romagnolo.

C'è qualcosa di profondamente malato in una società di eterni bambini che vogliono bene soltanto alla mamma. E di genitori che accettano qualsiasi cosa pur di non staccarsi dai pupi e avviarli alla vita con la migliore, pur se politicamente scorretta, delle benedizioni: «Arrangiatevi!».

"I figli non si cacciano da casa"
(*la Repubblica*, 25/11/96)
e
I figli eterni ospiti
(*la Repubblica*, 25/11/96)

Fatto di cronaca di cui si tratta:

● che cosa

● chi

● dove

● quando

● perché

Ordinanza del pretore in merito alla vicenda

Reazioni a caldo espresse da:

● la madre, protagonista della vicenda

● la sua avvocatessa

● suo fratello

● l'avvocato del figlio

Considerazioni del giornalista Curzio Maltese (ispirate al fatto di cronaca descritto) a proposito di:

● la decisione del pretore

● la nuova rivolta generazionale

● la 'dittatura della prole' e le sue cause

● il mammismo della società italiana

Manteniamo le distanze

Il sociologo americano John Gueldner ha osservato le persone che entrano in un ascensore e si è accorto che il modo con cui lo occupano risponde a regole fisse. La prima persona che entra si sistema nell' angolo dove c'è il pannello dei comandi, oppure in uno dei due angoli sul fondo. La seconda occupa l'angolo diagonalmente opposto. La terza e la quarta occupano gli angoli restanti, la quinta si appoggia al centro della parete di fondo. Solo l'ultimo passeggero, non avendo alternative, si pone al centro della cabina.

Tra le tante cose che il nostro cervello deve fare in continuazione, c'è quella di amministrare lo spazio intorno al nostro corpo. Noi non ce ne accorgiamo, ma avvicinarsi o scostarsi, di poco o di molto da un'altra persona oppure da un oggetto, risponde a esigenze precise di tipo biologico o psicologico. La distanza ha un significato preciso: serve a comunicare sensazioni o intenzioni che vengono comprese intuitivamente da tutti. Così se ci avviciniamo a una persona a distanze inferiori a quelle che queste regole inconsce impongono, immediatamente subentra imbarazzo, disagio. E può perfino scattare una reazione di difesa. Perché imponendogli la nostra vicinanza gli stiamo inviando un messaggio che non si aspetta. Un po' come se dicessimo "ti amo" al primo passante che incontriamo per strada. Che cosa regola queste distanze? Le norme dell'occupazione dello spazio, spiegano gli esperti, sono comuni non soltanto agli esseri umani, ma anche agli animali. Non a caso la zona cerebrale che le governa si trova nella parte più antica del cervello, quella che ancora li accomuna entrambi.

● Leggi ataviche

La logica degli spazi risponde a due leggi ataviche sviluppatesi insieme all'uomo in milioni di anni di evoluzione: il riflesso di avvicinamento alle cose vitali o comunque piacevoli, e il riflesso di fuga da ciò che ci minaccia o ci fa paura, entrambi presenti fin dalla nascita. "Sfiorando con i polpastrelli la guancia di un neonato, il bambino sposta automaticamente la testa, portando la bocca verso lo stimolo. Toccando la punta del piede con una bacchetta, il bambino ritrae immediatamente la gamba", spiega Alberto Ugazio, direttore della clinica pediatrica dell'università di Brescia. "Istintivamente andiamo verso ciò che troviamo piacevole oppure portiamo l'oggetto del desiderio verso il nostro corpo", spiega Carlo Masi, specialista in psicologia del comportamento e della comunicazione. "Se invece siamo troppo vicini a qualcosa di minaccioso ce ne allontaniamo, oppure allontaniamo l'oggetto aggredendolo fisicamente o verbalmente".

● Attacco e fuga

"Negli animali", continua Masi "sia che si scelga la via dell' attacco che quella della fuga, la reazione è immediata: brontolii, soffi, il pelo si arruffa, la schiena si inarca, i muscoli si irrigidiscono per spiccare il balzo. Reazioni fisiologiche abbastanza simili a quelle umane: si sbuffa e si brontola contro chi vuole prendere il nostro posto in coda allo sportello postale, si indietreggia di fronte a chi ci opprime dall'alto, ci si irrigidisce come statue tra la folla per non rinunciare al nostro spazio vitale". Ma ci sono molte altre circostanze, meno appariscenti, in cui la distanza assume un significato preciso. Il dirigente che riceve stando seduto dietro una larga scrivania sottolinea la distanza e il rapporto di gerarchia che lo rende superiore all'ospite. Ugualmente fa l'insegnante che parla agli alunni seduto dietro la cattedra e, per contro, riduce la distanza se parla stando davanti alla cattedra.

Ma se lo spazio attorno a noi è davvero così prezioso, ogni giorno sui vagoni della metropolitana o sull'autobus, dove la distanza tra le persone è ridotta ai minimi termini, dovremmo assistere a continue liti, tensioni, imbarazzi. Perché in realtà ciò accade raramente? "In queste situazioni 'l'altro' non viene vissuto come un individuo, ma come un oggetto", dice Masi. "È qualcosa che ci costringe ma non ci aggredisce. 'L'altro' diventa un potenziale invasore soltanto quando ci rivolge la parola, cioè si anima".

Ma chi stabilisce il confine tra il proprio spazio e quello degli altri? Secondo i ricercatori ogni individuo si sposta portandosi dietro una parte di spazio, una sorta di cilindro invisibile costituito di quattro aree concentriche, nelle quali accetta che qualcuno entri secondo una logica ben precisa: la zona intima, quella personale, quella sociale e quella pubblica.

● Area confidenziale

Il suo raggio va da zero a 45 centimetri. Corrisponde all'incirca alla lunghezza dell'avambraccio. È l'area privata degli affetti, nella quale gli altri hanno il permesso di entrare solo in circostanze particolari. In questa zona possiamo anche appoggiare le mani sulle spalle di un altro o intorno ai suoi fianchi. Tra amanti questo spazio si annulla, ma anche gli amici possono avvicinarsi molto, fino ad abbracciarsi. Per gli estranei è una zona pressoché vietata: il rischio è quello di causare fastidio o paura. Basta pensare all'irritazione che si prova sul treno quando si condivide il bracciolo di un sedile con uno sconosciuto. Nella zona intima è possibile sentire il respiro di chi ci sta di fronte, percepirne il calore e l'odore della pelle, cogliere le sue emozioni, controllare l'espressione del viso. È la zona di sicurezza per eccellenza: troppo stretta perché al suo interno si possano compiere aggressioni a sorpresa.

● Territorio per conoscenti

Il suo raggio va da 45 centimetri a 1,30

metri. Oltre quest'area si esaurisce la nostra capacità di influire sull'ambiente. Si estende infatti fino al punto in cui arriva il nostro braccio teso. È la distanza che di solito poniamo durante una conversazione con una persona appena conosciuta. Il controllo su ciò che accade nella zona personale viene però applicato anche agli oggetti che rientrano in quest'area: la scrivania, il letto, la poltrona. "In particolare, quando si è in auto, lo spazio privato si estende a tutto l'abitacolo. Ecco perché ci si sente in un territorio sicuro, si diventa più affabili e intraprendenti con gli eventuali passeggeri. Non a caso spesso i ragazzi hanno il coraggio di dare il primo bacio proprio in macchina. Ma ecco spiegato il perché, quando un'altra vettura ci sfiora o ci taglia la strada, ci sentiamo immediatamente minacciati" spiega Marcello Perrotta, psicoterapeuta di Firenze.

● Relazioni professionali

Il suo raggio va da 130 a 360 centimetri. In pratica è la somma di due aree personali: possiamo immaginarla come la distanza che intercorre tra due individui, posti frontalmente con le braccia tese e le dita in contatto. In questa zona si svolgono soprattutto le relazioni professionali. D'altra parte inconsapevolmente ognuno regola la distanza sociale in funzione dello status. Un ufficio open-space, per esempio, offre numerose possibilità di gestire lo spazio in chiave gerarchica", dice Masi. "Di solito all'impiegato di grado inferiore viene riservata una scrivania senza ripari, con tutti i lati liberi. Man mano che il grado sale si passa alla scrivania con

paragambe e due lati protetti da finte pareti, poi alla sistemazione in una zona circoscritta da un box con pareti basse e senza porta. Soltanto ai dirigenti è riservato il box chiuso: nello spazio di 'chi conta' può entrare solo chi ha il permesso".

● Zona pubblica

È l'enorme area posta al di là della zona sociale. Quindi, all'incirca, oltre un raggio di 3 metri e 60 centimetri. Corrisponde allo spazio che di solito si mette tra noi e un individuo o un gruppo, che, a prima vista, non sembra avere caratteristiche sociali comuni con noi. Le famiglie che fanno un picnic nel parco, i bagnanti sulla spiaggia, i capannelli di amici nella piazza del paese, sono tutti esempi di distanza pubblica. Quando il luogo è superaffollato e la distanza non può essere rispettata, si delimita il territorio con oggetti personali: asciugamani, zainetti, borse, sedie. Si tratta di una regola non scritta, ma, almeno nel mondo occidentale, rispettata. Delimitare il territorio è un'esigenza irrinunciabile anche nel mondo animale. Negli animali da laboratorio è stato verificato un legame stretto tra sovraffollamento e aggressività. Per quanto riguarda l'uomo, numerosi sociologi hanno più volte ipotizzato una relazione tra l'alta densità abitativa di un quartiere e il tasso di criminalità.

● Zona di elezione

Oltre che una dimensione fisica e biologica la distanza è una dimensione psicologica, strettamente legata alla personalità. Si sa che gli introversi

mantengono distanze maggiori rispetto agli estroversi: "C'è chi si allontana senza rispondere al passante che si avvicina per chiedere un'informazione", dice Carlo Masi." "Vuol dire che ha messo dei limiti di inviolabilità molto rigidi al suo spazio, che si sente continuamente minacciato, perché ha una personalità talmente fragile da vivere i rapporti con il mondo come una continua invasione. Al contrario c'è chi lascia avvicinare chiunque senza mai dire preventivamente 'alt' e restringe il suo spazio vitale al nucleo fondamentale. Reagisce solo quando non ce la fa più". Tutti noi abbiamo una zona che spontaneamente privilegiamo. Ci sono persone che riescono a comunicare soltanto nella zona intima o personale, per cui riducono le distanze anche nelle relazioni di lavoro. C'è invece chi si sente al sicuro soltanto nella zona sociale ed evita di avvicinarsi troppo persino ai familiari. Anche se esiste una zona di elezione, le circostanze ci costringono a spostarci da un' area all'altra. "Un dubbio, anche minimo, nei confronti del nostro interlocutore si traduce in una sorta di balletto, fatto di movimenti quasi impercettibili", aggiunge lo psicosociologo Padrini. "Si sposta il peso del corpo da una gamba all'altra, si fa scivolare il piede indietro o si ruota la punta verso l'esterno. Si comporta così chi vuole buttare fumo negli occhi: la migrazione continua da una zona all'altra infatti impedisce a chi ci sta di fronte di interpretare chiaramente i messaggi".

Rossana Pessione

adattato da *Focus* n.42-aprile 1996

ZONA INTIMA

da 0 a 45 centimetri

E' riservata a chi è in grande intimità. Per gli estranei è pressoché vietata: il rischio è quello di suscitare nell'altro fastidio o perfino paura.

ZONA PERSONALE

da 45 a 130 centimetri

E' la distanza a cui possono arrivare i conoscenti. Gli oggetti in questa zona sono quelli ai quali siamo più legati: il letto, la scrivania, la poltrona, l'auto.

ZONA SOCIALE

da 120 a 360 centimetri

E' la distanza delle relazioni professionali, quella che, nel mondo del lavoro, segna il distacco dato dalla gerarchia.

ZONA PUBBLICA

oltre 3,60 metri

E' lo spazio che separa persone che hanno poco in comune, per esempio su una spiaggia. Se si riduce, si tende a creare separazioni con oggetti.

Paese che vai distanza che trovi

Il modo di collocarsi delle persone nello spazio cambia anche in base alla loro cultura. Ecco come gli studiosi del comportamento descrivono il rapporto tra gli individui e lo spazio in alcuni Paesi con tradizioni diverse

INGLESI

In Gran Bretagna i comportamenti più riservati possono venire manifestati in uno spazio pubblico perché l'area privata e intima dell'individuo è assolutamente impenetrabile. Può perfino accadere, come è accaduto, che su un treno una coppia di fidanzati consumi un rapporto sessuale sotto gli occhi degli altri passeggeri senza che nessuno batta ciglio.

AMERICANI

Anche negli Usa le regole delle distanze vengono rispettate rigidamente. In particolare la zona pubblica. Al punto che la sola distanza basta a proteggere la privacy: non si ritiene necessario neppure recintare il giardino di casa.

ARABI

Nella mentalità araba, in un luogo pubblico nessuno ha più diritto di un altro di occupare un determinato spazio soltanto perché è arrivato prima. Viene dunque considerato normale il comportamento di chi si avvicina molto. Pubblico significa di tutti e quindi se una persona vuole prendere il posto di un'altra in un punto, ha tutti i diritti di fare il possibile perché questa si sposti. Né il luogo né il corpo sono inviolabili. Si considera un intruso soltanto chi viola gli spazi di proprietà privata, come la casa e l'automobile.

GIAPPONESI

Confidare ad altri i propri sentimenti è considerato inopportuno, persino tra amici. Non altrettanto rigida è la riservatezza fisica. L'inchino riduce le distanze e il pudore delle emozioni non vieta di fare il bagno, nudi, anche con estranei.

MEDITERRANEI

Anche se c'è spazio, preferiscono raccogliersi in gruppo. L'esempio più tipico è quello della fila: per un italiano o uno spagnolo è più congeniale affollarsi davanti allo sportello. Perché in fila l'attesa è anonima: non si possono guardare le persone in viso, se ci si allontana si perde il turno. Il gruppo invece coinvolge tutti: si può chiacchierare col vicino, osservare le persone. Ci si può anche allontanare per un attimo e rientrare nel gruppo, senza perdere il turno in modo definitivo.

Manteniamo le distanze
(*Focus* n.42 - aprile 1996)

Tema dell'articolo

Immaginando che i riquadri bianchi rappresentino la cabina di un ascensore, disegnare un omino in ciascuna cabina, secondo l'esempio dato, posizionandolo e numerandolo in base alla descrizione del suo
comportamento come passeggero descritta durante il resoconto dell'articolo.

La legge dell'ascensore: il sesto che arriva male alloggia
La disposizione delle persone all'interno è sempre la stessa. Ecco quali regole segue.

Il primo che sale occupa
l'angolo dei pulsanti

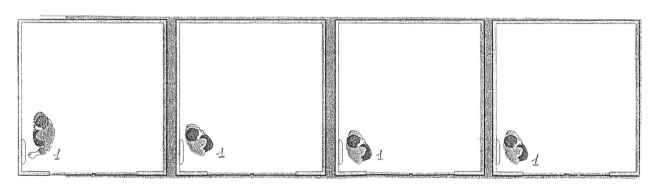

| Il secondo passeggero | Il terzo e il quarto | Il quinto passeggero | Il sesto passeggero |

Leggi relative alla gestione dello spazio personale sviluppatesi parallelamente all'evoluzione degli esseri
umani

Lo spazio gestito dall'individuo e la sua suddivisione

Regole che governano ciascuna delle zone che, nel loro insieme, costituiscono lo spazio individuale:

● zona intima

● zona personale

● zona sociale

● zona pubblica

Caratteristiche psicologiche che si possono desumere dal modo in cui l'individuo gestisce il proprio spazio: esempi

Rapporto tra individui e spazio in Paesi con tradizioni diverse:

● americani

● arabi

● giapponesi

● inglesi

● mediterranei

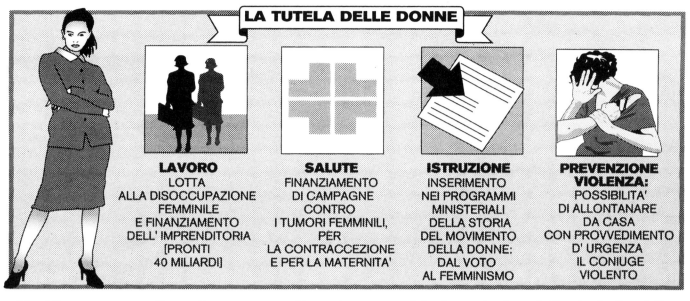

LA TUTELA DELLE DONNE

LAVORO
LOTTA
ALLA DISOCCUPAZIONE
FEMMINILE
E FINANZIAMENTO
DELL' IMPRENDITORIA
[PRONTI
40 MILIARDI]

SALUTE
FINANZIAMENTO
DI CAMPAGNE
CONTRO
I TUMORI FEMMINILI,
PER
LA CONTRACCEZIONE
E PER LA MATERNITA'

ISTRUZIONE
INSERIMENTO
NEI PROGRAMMI
MINISTERIALI
DELLA STORIA
DEL MOVIMENTO
DELLA DONNE:
DAL VOTO
AL FEMMINISMO

**PREVENZIONE
VIOLENZA:**
POSSIBILITA'
DI ALLONTANARE
DA CASA
CON PROVVEDIMENTO
D' URGENZA
IL CONIUGE
VIOLENTO

Oggi il governo vara il suo documento sulle pari opportunità. A cominciare dalla vita in famiglia

Via subito di casa il marito violento

E' uno dei dieci punti della direttiva dalla parte delle donne

ROMA (*m.n.d.l.*) — Per l'altra metà del cielo. Anche se il termine è in disuso e non più del tutto «politicamente corretto». Ma oggi il presidente del Consiglio Romano Prodi annuncerà una serie di misure in favore delle donne, alcune delle quali potrebbero davvero cambiare il panorama delle «pari opportunità» in Italia. Si tratta di una direttiva divisa in 10 obiettivi che riprendono le linee guida emerse dalla conferenza mondiale di Pechino sulle donne. Sono capitoli che riguardano punti cardine come il lavoro, la salute, l'istruzione, l'imprenditoria femminile, la politica estera, e soprattutto la prevenzione della violenza. E' anzi questo, tra i tanti, l'elemento più forte. Se la direttiva di Prodi (messa a punto dal ministro per le Pari Opportunità) verrà approvata, sarà possibile per le donne che subiscono aggressioni e sevizie dai mariti chiedere l'allontanamento immediato del coniuge violento. Si tratterà infatti di una misura da applicare nel giro di 24 o 48 ore come misura di ordine pubblico. Ecco però nel dettaglio alcuni punti della direttiva.

Lavoro. Ossia disoccupazione, che al 70 per cento riguarda le donne. La direttiva mira a mettere a punto politiche indirizzate non alla disoccupazione in generale ma a quella femminile, così come al sostegno dell' imprenditoria. Un dato significativo è che il 35 per cento della micro-impresa è formata da donne. E per il sostegno di questa il ministero per le Pari Opportunità ha finanziato per la prima volta la legge 215 che mette a disposizione delle donne 40 miliardi per iniziare un'attività in proprio. Uno dei problemi più gravi, infatti, per le imprese femminili, è proprio quello di accede-

Mancano banche dati al femminile, né è diffusa la conoscenza della storia "in rosa" Misure su lavoro e sanità

Il ministro
Anna Finocchiaro

re al credito. All'interno di questo capitolo una parte ampia riguarderà i *tempi* del lavoro, che spesso stridono nettamente con i tempi della famiglia, e quindi l'introduzione del principio della flessibilità in aziende e uffici.

Istruzione. La direttiva chiede che i programmi ministeriali della scuola siano aggiornati (per la prima volta) con la storia del movimento delle donne, dalle battaglie per il voto al femminismo. Ma è solo uno degli elementi. Si prevedono anche corsi di educazione sessuale che tengano conto del

punto di vista femminile nell'insegnamento di come funziona il rapporto tra i sessi.

Sanità. La direttiva parla in generale di politica sanitaria volta al «benessere psicofisico» della donna. Questo in termini più concreti dovrebbe riguardare il finanziamento di campagne informative sui tumori femminili, ma anche potenziamento dei consultori, tutela della maternità e della contraccezione.

Statistica. Sembra strano ma il mondo dei numeri e delle analisi statistiche è tutto al maschile. Non è possibile cioè, spiegano le ricercatrici del ministero per le Pari Opportunità, «accedere a dati disaggregati su centinaia di argomenti che riguardano le donne». Visto che però dall' elaborazione dei dati discendono ormai strategie produttive ed investimenti, la richiesta è quella di *riscrivere* le banche dati.

Prevenzione della violenza. Come illustravamo sopra è previsto l'allontanamento immediato del coniuge violento. Con questa nuova norma, che segue di un anno l'approvazione della legge contro la violenza sessuale, l'Italia si metterà al passo con il resto dell'Europa.

Via subito di casa il marito violento
(la Repubblica, 7/3/97)

Notizia data dall'articolo

● Lavoro

● Istruzione

● Sanità

● Statistica

● Prevenzione della violenza

La finale in 'a' per 800 parole maschili
Ecco la "vocabolaria" Zingarelli promuove l'ingegnera e l'avvocata

nostro servizio

ROMA – Tra qualche giorno il vocabolario ci darà licenza di chiamare ex direttrice la fulva Pialuisa Bianco che – quando era sul ponte di comando dell' *Indipendente* – esigeva la più maschia definizione di «direttore». E dovrà adattarsi Irene Pivetti che ama definirsi «presidente e deputato». Perché la nuova legge linguistica impone la desinenza femminile a centinaia di mestieri e professioni finora declinati esclusivamente al maschile. La rivoluzione in rosa è stata compiuta dallo «Zingarelli», il più diffuso tra i dizionari della lingua italiana, che sarà in libreria nei prossimi giorni.

Così, accanto a termini introdotti fin dall'inizio del secolo, come «professoressa» o «dottoressa», gli esperti dello «Zingarelli» hanno deciso di aggiungere la desinenza in «a» o in «ice» a ottocento mestieri e professioni fino ad oggi di esclusiva pertinenza maschile: un'aspirazione alla parità di diritti, anche lessicali, tra uomo e donna. Nel vocabolario, subito dopo il sostantivo, al posto dell'abituale s.m. (sostantivo maschile) comparirà s.m. e f.. Si potrà dire, quindi, architetta, ingegnera, magistrata, avvocata, vetraia, autotrasportatrice, barelliera, carpentiera, carrozzaia e via continuando.

Per i sostantivi che terminano in «a» e in «e», lo Zingarelli suggerisce di cambiare la categoria grammaticale soltanto con l'uso dell'articolo. All'improprio «vigilessa» è preferibile dire «la vigile»; mentre il femminile di elettricista é «la elettricista».

A favore del nuovo corso si

> GUARDA NELLA NUOVA DIZIONARIA CI SONO OTTOCENTO NUOVI PAROLI

alain denis

pronuncia il linguista Luca Serianni, accademico della crusca e autore di importanti grammatiche ad uso scolastico. «Femminilizzare tutte le parole – commenta – può apparire un eccesso di razionalismo. Ma, dal momento che c'é una diffusa sensibilità su questa tematica, il vocabolario fa bene a tenerne conto». E consensi arrivano anche dall'altra metà del cielo, quella direttamente interessata alla rivoluzione in rosa. «Nonostante le critiche che potrà muovere la Pivetti – dice Franca Fossati, direttrice di *Noi donne* – siamo di fronte ad un'operazione culturalmente coraggiosa. E' straordinario che uno dei più noti vocabolari prenda atto della irreversibile rivoluzione che é in corso nel linguaggio».

Una rivoluzione che non comincia con la scoperta del femminile operata dallo «Zingarelli, ma che, semmai, prosegue un

percorso iniziato anni fa con l'ingresso di alcuni neologismi e che ha avuto una brusca accelerazione con la pubblicazione, a giugno, del quarto e ultimo volume del Vocabolario Treccani. In quest'opera monumentale sono stati accolti ben duemila anglismi. Altrettanto presenti sono i neologismi e parole divenute di uso comune negli ultimi sei, sette anni e mutuate dalla moda, dalla musica, dall'informatica e dalla politica. Così, sono stati diligentemente registrati termini come «karaoke», «chiodo» (il giubbotto di pelle da motociclista), «bandana» (il fazzoletto che i ragazzi portano annodato in testa). Per finire con termini che hanno tenuto banco sui giornali e nelle discussioni di questi ultimi due anni, come «tangentopoli», «malasanità» e craxismo». Tutte declinabili – come verificato ancor prima dell'uscita dello «Zingarelli – al maschile e al femminile.

la Repubblica, 14/7/94

Ecco la "vocabolaria"
Zingarelli promuove l'ingegnera e l'avvocata

(*la Repubblica*, 14/7/94)

In che cosa consiste la 'rivoluzione in rosa' della lingua italiana compiuta dal dizionario Zingarelli

Esempi

Opinioni espresse in merito da:

● Luca Serianni, linguista

● Franca Fossati, direttrice di *Noi donne*

Altri cambiamenti in atto nell'italiano contemporaneo

Esempi

Il rettore: "Gli studenti sanno parlare ma non scrivere, le tesi piene di errori"

Tutti a lezione di ortografia

Ca' Foscari organizza un corso per universitari

di BRUNO MARCHI

VENEZIA — Una volta a scrivere strafalcioni erano i poveracci, chi non aveva frequentato neppure le elementari o comunque chi non aveva proseguito gli studi. Adesso, invece, sono gli studenti universitari a riempire i pochi compiti scritti con errori di grammatica e sintassi, tanto che quando si trovano a dover stendere la tesi o, dopo essere usciti dall'università, a compilare una richiesta di assunzione si trovano in grande difficoltà. Così il rettore dell'università di Ca' Foscari di Venezia ha pensato di venire loro incontro organizzando il Sis, il Servizio di italiano scritto, un corso che si propone di affrontare tutti i principali generi di scrittura. Il corso inizierà il 15 gennaio prossimo ed è già stato approvato dal senato accademico.

Un'immagine di Ca' Foscari
L'università veneziana ha organizzato un corso contro gli strafalcioni di ortografia

«I NOSTRI studenti — racconta il rettore veneziano Paolo Costa — sono abituati solo a parlare, l'unica forma di scrittura che praticano è prendere appunti durante le lezioni. Così, nei compiti scritti troviamo di tutto: ricordo un ad hoc scritto *a d.o.c.*». Non si tratta, dunque, di un'offerta per studiosi stranieri in difficoltà con la nostra lingua, neppure un corso per aspiranti giornalisti o romanzieri, ma semplicemente di un corso che aiuti gli studenti di economia e commercio, di lingue e letterature streniere, di lettere e di scienze in laguna.

Costa: ricordo un ad hoc scritto "a d.o.c."

«Di fronte a universitari che continuano a scrivere riempiendo di errori ortografici o a laureandi in crisi perché non riescono a scrivere la tesi — spiega l'ideatore del corso, il professore di storia della lingua italiana Francesco Bruni — abbiamo pensato che un ripasso di come si scrive in italiano sia più utile». «Il fenomeno — aggiunge il docente — è purtroppo molto diffuso e forse è arrivato anche il momento di cambiare qualcosa nella scuola, da dove si dovrebbe uscire più preparati almeno nella conoscenza della lingua».

«Una volta — ricorda Bruni — il cattivo italiano era scritto da chi veniva emarginato dalla scuola, ora è proprio la scuola a fornire un'acquisizione incompleta della lingua, otto anni di obbligo non bastano e neppure le superiori». Addirittura l'università non serve, tanto che è stato pubblicato un libro che raccoglie gli strafalcioni fatti dai laureandi dell'università di Padova nelle loro tesi e a enumerarli sono stati alcuni docenti, insomma una specie di "Io speriamo che me la cavo", il best seller del maestro elementare napoletano, scritto non dai ragazzini di un basso ma dagli universitari.

«La nostra università — tenta di giustificare il professor Bruni — è in gran parte orale, all'estero, dove tutti gli esami sono scritti, gli studenti poi non sanno discutere. Il nostro quindi non è un sistema da buttare perché abitua a una certa prontezza orale, però può incoraggiare il bla-bla-bla». Il docente di Ca' Foscari avverte della necessità di una correzione di tiro «perché la scrittura continuerà a vivere». E ricorda che neppure le nuove tecnologie, in fondo, l'hanno eliminata: ci sono i fax, la posta elettronica e Internet.

Per non parlare, almeno per i neolaureati che hanno già superato lo scoglio della tesi, della lettera con richiesta di assunzione e del curriculum, da sempre richiesto. In un momento in cui i posti di lavoro vanno conquistati con sudore anche una lettera ben scritta può risultare un buon avvio. Adesso, non c'è che da aspettare per vedere quanti studenti veneziani avranno il coraggio di iscriversi al corso, ammettendo la necessità di ricominciare dalle elementari, almeno per quanto riguarda l'italiano.

Un libro raccoglie gli errori dei laureandi

la Repubblica, 3/10/96

67

"Ma ora ci sono i nuovi linguaggi"

ROMA (*m.c*) — «Il peggior difetto è l'ortografia, il più diffuso la difficoltà a creare un periodo, il più preoccupante l'incapacità ad organizzare con la scrittura una struttura completa. Con la tesi questi problemi si evidenziano in modo drammatico». Alberto Abruzzese, sociologo, ammette che gli studenti universitari non se la passano bene con l'italiano, sanno sì e no scribacchiare, per questo, ma non solo, nella facoltà dove insegna, Scienze della Comunicazione, è stato istituito un nuovo esame che suona insieme avveniristico e desueto: «Prova di scrittura».

Perché gli studenti non sanno più scrivere?

«Imparano a scribacchiare al liceo in una scuola sempre meno attenta a questo aspetto, poi arrivano all'università e non mettono più mano alla penna fino alla laurea quando gli viene richiesto di scrivere una tesi addirittura in forma di libro. Poi ci sono i motivi "storici", non si scrivono più lettere, si usa il telefono...».

I giovani usano però nuovi linguaggi, perché non tenerne conto?

«Il problema è che siamo in una fase di passaggio, da un lato si è perduta la consuetudine alla scrittura, dall'altro ci si avvia verso l'uso massiccio di nuovi linguaggi, i ragazzi lavorano bene su un Cd-Rom che è un ipertesto, un linguaggio sostitutivo. In questo momento ci sono due reazioni che trovo entrambe sbagliate tra chi vuole tornare al passato senza tener conto dei cambiamenti e chi dice che la scrittura non ha più importanza e punta al "cibernetico"».

Si diffonderà anche in altre facoltà l'esame che insegna a scrivere?

«Non so, comunque ci vuole del tempo prima che si crei una tabella d'insegnamento, nel frattempo bisogna pagare insegnanti esterni e l'università non ha abbastanza risorse».

È così necessaria la scrittura?

«Dietro la scrittura c'è l'organizzazione del pensiero, è importante che gli studenti imparino a scrivere per la loro organizzazione mentale».

la Repubblica, 3/10/96

Tutti a lezione di ortografia
(la Repubblica, 3/10/96)

Problema discusso nell'articolo

Esempi che illustrano il problema di cui si parla

Esperti che lo hanno denunciato e in quale contesto

Motivi per cui esiste il problema

Rimedio proposto per porvi riparo

Ostacoli che potrebbero impedire la riuscita del progetto in questione

Per quale ragione, secondo il sociologo intervistato, il saper scrivere è fondamentale per chi studia?

Scienza

(adattato da **Panorama**, 26/5/95)

INQUINAMENTO ACUSTICO / Un'indagine del Treno verde di Legambiente

Fracassopoli, Italia

Le strade delle città italiane sono tra le più rumorose d'Europa. E il chiasso fa ammalare. Ecco la prima radiografia delle aree a rischio. E i rimedi possibili.

di SILVANA BEVIONE

Gli effetti sulla salute

Oltre alle orecchie il rumore danneggia anche il sistema nervoso e quello circolatorio, provocando sintomi di vario genere e stati di stress. Anche rumori leggeri ma continui, come il ronzio dei condizionatori e delle fotocopiatrici, il chiacchiericcio dei colleghi d'ufficio, gli squilli del telefono possono essere nocivi. Il primo effetto di un ambiente troppo rumoroso è quello di impedire il rilassamento, stimolare la contrazione dei muscoli, aumentare la dilatazione delle pupille e la produzione di vari ormoni, tra cui l'adrenalina. La maggiore presenza di questo ormone accresce il pericolo di ipertensione. L'esposizione continua a 65 decibel provoca tachicardie, gastriti, un aumento del 20 per cento del rischio di infarto. I disturbi del sonno causati dal rumore provocano danni al sistema nervoso, crampi allo stomaco, crampi muscolari e indeboliscono il sistema immunitario.

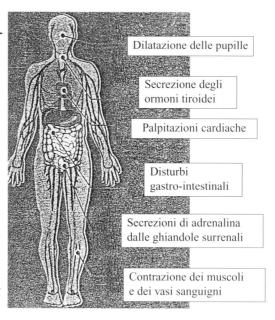

Dilatazione delle pupille

Secrezione degli ormoni tiroidei

Palpitazioni cardiache

Disturbi gastro-intestinali

Secrezioni di adrenalina dalle ghiandole surrenali

Contrazione dei muscoli e dei vasi sanguigni

[...] L'Organizzazione mondiale della sanità ha calcolato che almeno un quarto dei cittadini europei ha problemi di udito causati da rumore. Un'esposizione prolungata può causare in ogni caso uno stato di malessere con sintomi quali tachicardia, variazioni della pressione e della capacità respiratoria, gastriti, nausea, alterazioni del campo visivo. Molto frequenti sono i disturbi psicologici: aggressività, emicrania, capogiri, insonnia, diminuzione della capacità di concentrazione. Si può insomma parlare di stress da rumore. Un'indagine dell'Istituto di medicina del lavoro della Usl 1 di Trieste ha scoperto che farmacie in zone con un livello sonoro notturno tra i 55 e i 75 decibel vendono una quantità di sonniferi, tranquillanti e farmaci per disturbi gastrici e cardiaci doppia, a volte tripla, rispetto alla media.

«Per essere al riparo da questi malesseri, si dovrebbe vivere in luoghi con una rumorosità diurna inferiore ai 60 decibel» avverte l'ingegner Michele Macaluso, del Wwf campano. «Purtroppo i livelli delle città italiane sono molto maggiori. Le cose, poi, peggiorano al Sud, dove con il chiasso siamo abituati a convivere da sempre, considerandolo quasi una forma di vitalità».

La necessità di difendersi dal frastuono è invece molto sentita all'estero. In Germania, i limiti massimi fissati dalla legge sono di cinque decibel inferiori a quelli italiani. In Francia, le arterie importanti sono dotate molto più spesso che in Italia di barriere insonorizzanti e asfalto fonoassorbente. La Francia spende del resto 635 milioni di franchi (oltre 200 miliardi di lire) all'anno per combattere l'inquinamento acustico. In Italia, una proposta di normativa, frutto di diversi progetti elaborati negli anni, è ora in discussione.

Attualmente il Paese si colloca nella difesa dal chiasso al livello del Portogallo: agli ultimi posti. Anche se qualche esempio di buona volontà comincia a venire dai maggiori centri: come a Torino, dove sarà presto proibito l'uso degli antifurto sulle auto nelle ore notturne e il nuovo capitolato d'appalto per le asfaltature del Comune prevede l'uso di materiali fonoassorbenti. A Roma, oltre a camion più silenziosi, sono state impiantate rotaie per i tram con protezioni in gomma.

Oltre alle difese tradizionali contro il rumore, come i doppi vetri e le sostanze sintetiche fonoassorbenti, esistono espedienti tecnologici d'avanguardia applicabili anche ai tubi di scappamento delle auto. Un silenziatore in via di produzione da parte di due società americane prevede di raccogliere, con un microfono installato nella parte posteriore del veicolo, un campione del suono fastidioso. Per poi contrastarlo con un suono opposto, diffuso da altoparlanti sistemati attorno al tubo di scappamento, e così cancellarlo.

Un altolà ai rumori

*Primo sì alla nuova legge
Multe fino a 20 milioni
Possibilità di chiudere
strade e discoteche*

Silenziatore agli spot e "007" antichiasso

ROMA - Buone notizie per chi passa le notti in bianco per colpa di una discoteca non ben insonorizzata o è costretto a fare un salto sulla sedia ogni volta che il film che sta guardando viene interrotto da uno spot urlato. Con 304 voti a favore, un contrario e nessun astenuto, la Camera ha votato la legge quadro contro l'inquinamento acustico. Il provvedimento dovrà ora passare al Senato ma, vista l'ampiezza dello schieramento favorevole, con ogni probabilità supererà definitivamente l'esame del Parlamento e potrebbe diventare operativo in tempi strettissimi, forse anche prima dell'estate.

La nuova legge cambia la normativa esistente in un punto essenziale: le pene. A parte le sanzioni previste dal codice penale, il provvedimento permette di infliggere multe fino a 20 milioni e prevede la chiusura di discoteche, strade e fabbriche non in regola. Inoltre impone alle emittenti televisive di trasmettere gli spot a un volume non superiore a quello dei programmi ordinari.

Le emittenti respingono però l'accusa di barare sul volume degli spot - alzandolo per attirare i distratti - e sostengono che difficoltà tecniche impediscono di omogeneizzare il tono dei due tipi di trasmissione. Per questo Montecitorio ha concesso loro un anno di tempo (il deputato Odorizzi, di Forza Italia, ne aveva chiesti due) per migliorare gli impianti.

Il provvedimento antidecibel dovrebbe garantire la pax acustica dopo una serie di false partenze e di promesse non mantenute. Già il Dpcm (decreto della Presidenza del Consiglio dei ministri) del primo marzo 1991 aveva rivoluzionato la materia rendendo legge italiana i limiti fissati dall'Organizzazione mondiale di sanità ma omettendo le sanzioni. La città era stata divisa in varie fasce: da quella semindustrializzata, dove sono ammessi i livelli di rumore più alti, a quella di maggior rispetto (ad esempio vicino agli ospedali), dove non si devono superare i 50 decibel di giorno e i 40 di notte. Una richiesta che fino ad oggi è risultata utopica come documentano le analisi condotte dal Treno verde della Legambiente: in 58 dei 79 centri di cura messi sotto osservazione i livelli di frastuono hanno superato i limiti posti nelle zone industriali parti-colarmente rumorose (70 decibel di giorno e 60 di notte); in altri cinque ospedali si sono superati i livelli previsti dalla legge nelle zone di rispetto; solo sedici ospedali sono risultati in regola.

«Dopo un anno di discussioni contorte su decreti ad alto impatto ambientale, finalmente viene approvata una legge organica di indubbio interesse ecologico», ha commentato il pidiessino Valerio Calzolaio, relatore della legge per la Commissione ambientale. «Qualche problema resta, perché il governo Berlusconi a dicembre aveva bocciato tutti gli emendamenti in Finanziaria, ma utilizzeremo alcuni progetti previsti nel piano triennale».

Soddisfazione anche all'Enea, che ha curato le ricerche anti inquinamento acustico. «Adesso si tratta di preparare in fretta i decreti attuativi che fissino i limiti, di delineare le zone e di far partire i controlli», spiega Carlo Marzi che ha seguito passo passo l'iter della legge. La vigilanza antirumore verrà affidata a personale specializzato delle agenzie regionali per l'ambiente: nascerà un corpo speciale antidecibel.

Fracassopoli, Italia
(Panorama, 26/5/95)

Rilevazioni dell'Organizzazione mondiale della sanità

In che cosa consiste lo stress da rumore

Prova a dimostrazione del collegamento rumore/malattia, messa in luce da un'indagine recente

Livelli di rumore delle città italiane

Confronto tra l'Italia e altri Paesi europei

Misure antirumore previste per Torino e Roma

Difese tradizionali ed espedienti tecnologici d'avanguardia contro il rumore

Un altolà ai rumori
(la Repubblica, 26/5/95)

Notizia data dall'articolo

Novità rispetto alla normativa esistente:
●

●

Modo in cui le emittenti televisive giustificano il volume degli spot pubblicitari

Quello che è stato fatto in passato in relazione al problema 'rumore'

Ciò che hanno rivelato le analisi condotte da Legambiente

Quello che si deve fare adesso

A chi verrà affidata la vigilanza antirumore

CHI FERMERÀ L'IMMIGRAZIONE?

di ALBERTO CAVALLARI

BUONO o cattivo che sia, il decreto italiano sugli immigrati porta a chiederci se sia possibile prosciugare il mare con un cucchiaio. Infatti, i problemi posti dall'immigrazione non sono riducibili al solo conflitto tra due culture, quella del razzismo e quella dell'«accoglienza», ma comportano la spaventosa questione se sia governabile l'immenso flusso migratorio che partendo dal sud del mondo investe il nord del mondo di cui facciamo parte. Le sue dimensioni sono tali da rendere difficile qualsiasi illusione di facile governabilità. Non sono i razzismi e i solidarismi che possono fornire una soluzione. Basta riepilogare dati che sono noti per capire come la questione sia ben più grossa di un frettoloso decreto romano.

Alla base di tutto c'è l'esplosione demografica mondiale che stiamo vivendo e che ripropone il problema malthusiano del rapporto popolazione/risorse. Nel XVIII secolo la popolazione della Terra aumentava al ritmo di 1/4 di miliardo ogni 75 anni. Oggi il medesimo incremento si verifica ogni tre anni. Nel 1825, quando Malthus terminò il suo saggio, gli abitanti del pianeta erano un miliardo. Nei cento anni seguenti diventarono 2 miliardi, nel successivo mezzo secolo (1925/1976) sono raddoppiati giungendo a 4 miliardi, nel 1990 la cifra è passata a 5,3 miliardi, e tutto lascia prevedere che l'esplosione possa continuare.

È infatti vero che le riduzioni future del tasso di natalità segnano adesso una prossima decrescita e una stabilizzazione. Ma ciò non avverrà prima di alcuni decenni e le «varianti» di questa stabilizzazione non sono promettenti. Per l'Onu si prevede nel 2025 una variante minima di natalità che comporta pur sempre una popolazione di 7,6 miliardi, e quindi un aumento demografico del 50 per cento. Secondo altre stime una variante massima comporterà invece il raddoppio della popolazione e quindi una cifra di 9,4 miliardi. È così certo che nel 2025 la Terra ospiterà comunque almeno 8,5 miliardi di uomini. Ma la Banca mondiale prevede una stabilizzazione per la seconda metà del secolo XXI addirittura di 10/11 miliardi. Altre fonti si spingono fino a 14,5 miliardi.

È questa esplosione demografica che mette in moto una migrazione senza precedenti dato che il suo epicentro è nelle zone povere del pianeta le cui masse si spostano verso le zone più ricche e sviluppate. Dai «giganti demografici» (come l'Africa, l'India, la Cina, il Pakistan, l'Indonesia, il Brasile, il Messico, il Sudest asiatico) partono le spinte che mettono in moto un esodo sud/nord che ha raggiunto proporzioni colossali. *Il boom delle nascite nel Sud del pianeta* Infatti il 95 per cento dell'aumento demografico complessivo riguarda i paesi in via di sviluppo che una volta chiamavamo rozzamente «Terzo mondo». Masse di esseri umani che per vivere decentemente abbisognano ogni giorno di diverse migliaia di calorie, di due litri d'acqua, di 15 chili d'aria, fuggono terre desertificate, megalopoli soffocanti, aree di carestia, per raggiungere il mondo sviluppato dove la sopravvivenza è possibile.

Certo non si tratta di un fenomeno nuovo. In passato la stessa Europa fu la base di partenza del più massiccio flusso migratorio mai verificatosi nella storia mondiale. Per fuggire all'esplosione demografica dell'Ottocento, la povertà rurale e la miseria urbana, lo squilibrio tra popolazioni e risorse esaminato da Malthus, decine di milioni d'europei emigrarono verso l'America e l'Australia provocando la famosa «espansione mondiale dell'Occidente». Ma sono nuove le dimensioni quantitative e le direttrici del flusso.

In passato il movimento di popolazioni partì da società tecnologicamente avanzate in direzione di quelle meno sviluppate. L'emigrazione contemporanea parte principalmente dalle società meno sviluppate in direzione dell'Europa, del Nord America, del continente australiano. Inoltre, in passato il flusso riguardò solo decine di milioni di uomini. Al presente riguarda miliardi di persone. Così, il problema che si pone non è tanto di razzismo o di solidarietà ma di «ricezione». Quanta migrazione proveniente dal sud del mondo può assorbire il nord del mondo? Come trovare spazio e risorse per assorbire un movimento alimentato da interi continenti e subcontinenti?

Il fatto che i paesi sviluppati registrino attualmente una decrescita demografica, un vistoso calo di natalità, e quindi bisogno di forza lavoro, non consente ottimismi verso un travaso che ha dimensioni colossali. Fatalmente lo squilibrio demografico genera uno squilibrio migratorio che si traduce in conflitto generale tra ricchi e poveri: un conflitto che vede il nord del mondo assediato dal sud del mondo. Soprattutto i paesi dell'Occidente meridionale, come l'Italia, sono esposti al vicino accerchiamento africano e asiatico. E le conseguenze politiche di questo assedio sono già visibili. Nel 1950 le democrazie industriali rappresentavano 1/5 della popolazione mondiale. Oggi ne rappresentano 1/6. La previsione è che nel 2025 ne rappresenteranno 1/10. Non c'è dubbio che sia in corso un preoccupante assottigliamento progressivo del nord rispetto al sud.

Come uscire dal dramma che minaccia il pianeta? La proposta di riorganizzare gli investimenti su scala mondiale si scontra contro una tendenza negativa. Secondo Paul Kennedy è ormai dimostrato che la globalizzazione dell'economia non modifica i grandi dati del problema. Due terzi della popolazione mondiale ha tratto poco o nessun vantaggio dalla rapida crescita dei paesi sviluppati. Il quarto più basso dei percettori del reddito mondiale si infoltisce invece di diminuire. L'Occidente esporta nel cosiddetto Terzo mondo meno di 1/3 che nel 1938. Così pare poco praticabile la formula della riorganizzazione economica mondiale. Non ci si illude più che un travaso di tecnologia e finanza possa smentire nel sud le previsioni catastrofiche legate allo squilibrio popolazione/risorse come avvenne nel nord al tempo di Malthus con la rivoluzione industriale occidentale. I paesi in via di sviluppo mostrano infatti rare isole di modernizzazione (i famosi «dragoni asiatici») sopra uno sfondo generale di investimenti scarsi, di desertificazioni, di rovine ecologiche, di catastrofi ambientali che cancellano irreversibilmente le risorse del mondo povero.

Resta quindi da cercare una soluzione sapendo che non c'è. Infatti: 1) non vi sono formule magiche nazionali capaci di contrastare un fenomeno storico che nazionale non è. 2) Il fenomeno non è paragonabile con le «invasioni» migratorie del passato che vedevano spostamenti di poche decine di milioni di uomini. 3) È impossibile riorganizzare investimenti europei o mondiali dato il contesto negativo delle tendenze politiche ed economiche del capitalismo moderno. 4) È inutile barricarsi contro un esercito così numeroso sapendo che la partita è già perduta e che l'ipotesi di filtrare preventivamente la sterminata massa mobile d'immigrati in nome della «sicurezza» dà scarsi risultati: gli stessi Stati Uniti sembrano impotenti davanti alla pressione che si manifesta alla frontiera messicana. 5) La questione va posta in termini di «ricezione» e mostra un nord che non può certo contenere un fenomeno demografico di proporzioni così vaste.

I "no" del Papa e le scelte del mondo occidentale

Ma se questo è vero, la sola via di uscita sta nell'organizzare su scala mondiale una drastica offensiva contro l'esplosione demografica in corso senza attendere le stabilizzazioni previste nel prossimo millennio tramite una decrescita già cominciata. Per quanto dispiaccia al Papa, sta nella limitazione delle nascite la chiave di un problema migratorio creato dal boom demografico planetario. Probabilmente è troppo tardi. Ma se la difesa della vita favorisce apocalittiche prospettive per la vita del pianeta, se la vita minaccia la vita stessa, non è mai troppo tardi per compiere il solo tentativo possibile.

la Repubblica, 27/11/95

74

Chi fermerà l'immigrazione?
(la Repubblica, 27/11/95)

Problema trattato dall'articolo e sua estrema complessità

Dato fattuale alla base del problema e relative cifre nel tempo (1825, 1925, 1976, 1990)

Previsioni demografiche per il futuro

Epicentro e direzione della migrazione mondiale

Perché la gente emigra?

Si tratta di un fenomeno nuovo?

Confronto passato/presente riguardo all'emigrazione:

● in passato

● oggi

Conflitto generato dallo squilibrio demografico mondiale e sue conseguenze politiche

Esistono soluzioni possibili al problema? (Se sì, quali? Se no, perché?)

Secondo l'autore dell'articolo, in cosa consiste la sola via d'uscita?

TEST DI VERIFICA

Esce un libro che racconta i vizi e le manie dei nostri connazionali all'estero

Con quella faccia da italiano in gita

di ENRICO FRANCESCHINI

L'illustrazione è tratta da "Dov'è Wally?" di Martin Handford

Sarà capitato a tutti di trovarsi in viaggio o in vacanza all'estero, a Manhattan così come nelle isole greche, a Mosca piuttosto che a Parigi, e di individuare con sicurezza un gruppo di persone nella folla: «Quelli», pensate senza ombra di dubbio, «sono italiani». E non sbagliate. Noi italiani, infatti, abbiamo il dono – o il difetto – di farci istantaneamente riconoscere. Non a causa dell'accento o della fisionomia: possiamo anche restare muti, e nascondere il volto sotto berretto e occhiali scuri. Ma c'è qualcosa, nell'italiano in viaggio, che lo rende quasi sempre inconfondibile, dovunque sia, qualunque cosa faccia.

A volte può bastare l'abbigliamento: se vedete un uomo di qualsiasi età con scarpe Timberland ai piedi, avete di fronte un muratore americano (sono gli unici che le indossano nel paese in cui vengono prodotte), o assai più verosimilmente un italiano, specie se ha un maglione legato attorno alla cinta, o un blazer blu troppo stretto su un paio di blue-jeans troppo stinti. Altre volte non è neanche necessario che l'uomo sia presente, per riconoscerne la nazionalità. Se entrate in una camera d'albergo appena il cliente l'ha lasciata per il «check-out», e non vedete alcun portacenere sui tavolini, nessuna confezione di saponette, shampoo, bagno schiuma nel bagno, e se per di più nell'armadio manca l'accappatoio con lo stemma del-

l'hotel sul taschino, avete la certezza che di lì è appena uscito un italiano, con una valigia piena di «souvenir» discretamente sottratti (qualcuno direbbe meno discretamente: rubati) all'albergo dove ha dormito per un paio di notti.

Queste e altre innumerevoli regole per riconoscerci sono un ironico ma in fondo affettuoso contributo allo studio della nostra razza, offerto da un giornalista che si è sforzato di allontanarsi dall'Italia e dagli italiani con i suoi viaggi di lavoro in giro per il mondo, ma come ha confessato al suo direttore Indro Montanelli ha dovuto constatare che dovunque va «c'è sempre un commerciante di Brescia» che lo aspetta. Beppe Severgnini, inviato speciale del *Giornale*, ha raccolto in un libro, *Italiani con valigia, il Belpaese in viaggio* (Rizzoli, pagg. 259, L.26.000), i suoi incontri con i propri compatrioti ai quattro angoli del pianeta, e le sue osservazioni «sociologiche». Il risultato si potrebbe definire con perfidia un «manuale» su come l'italiano medio non dovrebbe mai comportarsi quando è in vacanza o in viaggio d'affari fuori dai confini nazionali; ma è anche un benevolo «specchio» per quanti in questi giorni partono per le ferie con la consapevolezza di essere italiani, non tedeschi, giapponesi o americani, e che a questo dato di fatto non c'è modo di riparare.

Sarà perchè, viaggiando, non

solo noi italiani restiamo quel che siamo, ma lo diventiamo ancora di più: all'estero, osserva Severgnini, diventiamo perfino più patriottici, il che è tutto dire per un popolo che ha un vago concetto della patria e un senso ancora più labile dello Stato. Il viaggio, insomma, diventa lo specchio del nostro carattere. Per cui se in Italia ci diamo un contegno, varcata la frontiera viene fuori di tutto: dalla furia con cui facciamo sparire carta da lettere intestata, portacenere, biro e shampoo dalle camere d'albergo, alla sicurezza con cui dopo tre giorni in una nazione sconosciuta spieghiamo già agli «indigeni» allibiti cosa devono fare per risolvere un problema che li tormenta da decenni o da secoli, alla passione con cui dalle nove alle undici di sera cerchiamo di ottenere la linea intercontinentale per telefonare alla moglie lontana (e con cui dalle undici in avanti tentiamo di sedurre la centralinista), fino all'ossessione per lo shopping diretto a combinare l'«affare» giusto. Severgnini rammenta una massima di Moravia: «Un francese visita un paese straniero, un tedesco lo studia, un inglese ne fa la sua casa, un americano se lo mangia»; e aggiunge: «Un italiano chiede quanto costa». Chi assiste all'indecoroso spettacolo di un italiano impegnato a fare acquisti in un «mercatino» del Terzo Mondo, non può certo immaginare che la belva che lotta per uno

sconto di cinquemila lire con un bambino scalzo è spesso un'ottima persona, nota l'autore: magari un insegnante di scuola media che ha spiegato cento volte ai suoi alunni i drammi del Terzo Mondo.

A farci riconoscere contribuisce anche la «tecnologia»: nella fattispecie quel «culto moderno», come lo definiva Ennio Flaiano, «che fa di ogni turista un fotografo preoccupato di raccogliere testimonianze della sua stessa vita, per avere la certezza di avere vissuto». Una preoccupazione accresciuta da quando diapositive e videocamera sono entrate nella valigia degli italiani.

Certo, gli italiani in viaggio non sono tutti così. Infatti Severgnini distingue tra il «viaggiatore» e il «turista», il quale compone inevitabilmente la stragrande maggioranza dei nostri connazionali all'estero. Per il turista, la definizione migliore la offre, in questo libro, sempre Flaiano: «L'unica cosa che desidera in viaggio è sentirsi a casa». Il viaggiatore si può invece identificare in questa affermazione di Robert Louis Stevenson in «Travels with a donkey»: «Io non viaggio per andare da qualche parte, ma per andare. Viaggio per il gusto di viaggiare. Il bello è muoversi!» I viaggiatori alla Stevenson ci raccontano in libri deliziosi le loro impressioni del mondo. I turisti, più generosi, regalano un inesauribile, spassoso, umanissimo materiale ai libri di noi giornalisti.

Con quella faccia da italiano in gita

A. Leggere con attenzione l'articolo allegato, poi rispondere alle domande sottostanti.

1. Di che cosa tratta il libro di Beppe Severgnini?

_____

_____

_____

_____

_____

2. Qual è il rapporto tra il suo lavoro e l'argomento trattato nel libro?

_____

_____

_____

_____

_____

3. Secondo la recensione, il libro può essere visto in due modi. Quali?

_____

_____

_____

_____

_____

4. Elencare 4 caratteristiche che individuano gli italiani all'estero.

_____

_____

_____

_____

_____

5. Illustrare la massima di Moravia in relazione all'italiano tipico.

_____

_____

_____

_____

_____

6. In che cosa consiste l'amara ironia della scena in cui è descritto un italiano che fa spese in un mercatino del Terzo Mondo?

_____

_____

_____

_____

_____

7. La tecnologia ha intensificato una specie di mania dei turisti. Quale?

_____

_____

_____

_____

_____

8. Severgnini distingue tra 'turista' e 'viaggiatore'. Spiegare.

_____

_____

_____

_____

_____

B. Con parole proprie **spiegare in contesto** le seguenti espressioni sottolineate nel testo.

1. ai quattro angoli del pianeta

_____

2. diventiamo perfino più patriottici, il che è tutto dire

_____

3. ci diamo un contegno

_____

4. la belva che lotta per uno sconto

_____

5. nella fattispecie

_____

C. Trasformare le frasi, passando **dal verbo al nome**, secondo l'esempio dato, facendo gli opportuni cambiamenti e cercando di mantenere intatto il significato.

C'è qualcosa, nell'italiano in viaggio, che lo rende quasi sempre inconfondibile:

- come si veste   _____**il suo abbigliamento**_____

- come si comporta   _____

- sottrae discretamente "souvenir" dall'albergo   _____

- cerca disperatamente l'"affare" giusto   _____

- è molto patriottico   _____

D. Riassumere in un paragrafo il contenuto dell'articolo.

_____

_____

_____

_____

_____

_____

_____

_____

E. Riformulare le parole sottolineate usando la forma del **si impersonale/passivante**.

L'eden delle metropoli vuote, occasione da non perdere

Estate, beati quelli che partono...
per la propria città

si consiglia

A chi desidera fare una vacanza tranquilla consigliamo di restare in città proprio in agosto,

il momento migliore dell'anno. Ma sì, fuggiamo dalla pazza folla e scappiamo in città! Anzi agli agenti

di viaggio suggeriamo delle visite turistiche per cittadini italiani, del tipo: "Alla scoperta della vostra

città", o "Milano: così non l'avete mai vista."

Guardate le immagini tivvù dell'Italia in ferie e vi imbatterete in tante storie analoghe di sofferenze: un

poveretto sarà costretto a interminabili file ai caselli, un altro s'imbarcherà sul traghetto dopo attese

nevrotizzanti e quando sarà arrivato al mare, troverà nella casa affittata tante cose che non funzionano.

Al confronto, ecco le città d'agosto: ti aggiri per strade semi deserte, fai i bagni nelle fontane, incontri

sparuti gruppetti di turisti...

Quindi, se non hai potuto organizzare un viaggio quest'anno non rammaricartene; finalmente ti puoi sede-

re sull'autobus e non sei più una sardina.

Sei un privilegiato a rimanere in città ad agosto.

F. Scrivere un **tema** di circa 200 parole su **uno** degli argomenti suggeriti.

1. Scrivete una lettera al direttore del giornale italiano di Sydney per esprimere la vostra opinione a proposito dell'argomento trattato nell'articolo letto, basandola sulle vostre osservazioni ed esperienze personali.
La lettera deve essere completa delle convenzioni di questo tipo di testo.

2. Secondo le definizioni di 'viaggiatore' e di 'turista' presentate nell'articolo, o secondo una vostra definizione personale, ritenete di appartenere alla prima o alla seconda categoria? Spiegare e motivare.

3. "Con quella faccia da australiano in gita". Osservazioni.

Blue jeans e lumbard

la Repubblica
sabato 14 agosto 1993

di Luciana Sica

Milano – «Quanto si sente orgoglioso di essere italiano?», chiede l'Istituto di ricerca Iard a 2 mila e 500 giovani tra i 15 e i 29 anni. «Molto», risponde il 51,4 per cento dei ragazzi meridionali (Sud e isole). E al Nord? La rinascita dei localismi sotto il segno della Lega si fa sentire anche in questa ricerca sulla condizione giovanile. Sono infatti una minoranza i giovani settentrionali che dichiarano di essere «molto» fieri di sentirsi italiani: soltanto il 38,1 per cento. <u>Sembra un paradosso, ma oggi sono i ragazzi del Mezzogiorno e assai meno quelli che vivono nelle aree più sviluppate del Paese a rivendicare l'identità culturale nazionale.</u>

Anche se il rapporto sulla condizione giovanile è già noto dall'inverno scorso, mancavano gli «approfondimenti» e l'ultimo – curato da Maria Teresa Torti, dell'università di Genova – riguarda appunto «differenze» e «vicinanze» tra i giovani del Nord e del Sud.

È vero: un po' tutti sembrano dei bravi ragazzi all'antica, un po' noiosi e angelici, senza eccessi di sventatezze o d'ideali fastidiosi, legati alla famiglia, rispettosi della legge, entusiasti dell'immagine solida della Chiesa. Ma se le indagini sociologiche hanno spesso il difetto di confermare l'ovvio, a volte alcuni risultati sorprendono.

I giovani del Nord non sono orgogliosi di essere italiani. C'è da chiedersi come vorrebbero sentirsi, questi ragazzi. Forse *soltanto* settentrionali? Lo chiediamo ad Alberto Martinelli, preside della facoltà di Scienze politiche di Milano, tra i principali coordinatori della ricerca che ha coinvolto un gruppo d'illustri scienziati sociali.

Ecco la risposta del politologo: «<u>Gli universi simbolici delle identità territoriali sono ormai frammentati e nel Nord il fenomeno è decisamente più accentuato.</u> Ma possiamo anche immaginare che i giovani settentrionali siano più provvisti di senso critico nei confronti dei tanti vizi italiani messi a nudo dai giudici di Mani Pulite. Certamente il dato inquieta e la prossima volta dovremo fare domande più specifiche. Chiedendo, ad esempio: "Lei si sente più italiano o lombardo?"».

Se i giovani di un passato anche recente si sono contrapposti al «mondo dei grandi», i ragazzi di oggi – seppure con qualche insofferenza – sembrano invece adeguati ai valori degli adulti: in questo caso, risentono in modo vistoso del clima culturale e politico del Paese. Eppure quanto si somigliano tra loro? Un ragazzo di Cosenza cos'ha in comune con un coetaneo di Parma? Non molto, secondo il professor Martinelli: «L'omologazione è superficiale. È vero, sono simili perché vedono la stessa televisione e condividono le stesse mode e analoghi consumi culturali. Ma ciò non toglie che persistono differenze profonde».

Quali sono queste differenze? Tante, dai risultati della ricerca: il lavoro, innanzitutto. È considerato «molto importante» dal 65,1 per cento dei giovani del Sud rispetto al 57,9 del Nord e mentre per i ragazzi meridionali il fattore più importante è il reddito, i loro coetanei settentrionali vogliono «imparare cose nuove e esprimere le proprie capacità». Non cercano soltanto il «posto» redditizio ma una possibilità espressiva (secondo una mitologia un po' buffa e ingenua alla *Ecce Bombo*, un film che probabilmente non conosceranno).

Valori post-materialistici: con quest'espressione, gli scienziati sociali si riferiscono al tempo libero, alla cultura o anche ai rapporti interpersonali, compresi gli amori e le amicizie. In linea generale, sono valori molto più apprezzati al Nord che al Sud. Con un'unica eccezione: dappertutto la cosa che conta di più nella vita è la famiglia, i giovani sembrano innamorati di mamma e papà. Si potranno rintracciare mille buone ragioni – lo scarso conflitto

tra genitori e figli, l'insicurezza professionale o la difficoltà di trovare una casa a prezzi accessibili – ma è un fatto che, a 29 anni, la metà degli uomini e un quarto delle donne vivono ancora con la famiglia d'origine.

Del resto, la famiglia esercita ormai un'autorità molto scarsa sui figli – che spesso pernottano in casa con le compagne di scuola – e non si capisce perché questi giovanotti dovrebbero abbandonare la vita comoda, andare a vivere in costosissimi tuguri e farsi il caffè da soli.

Colpisce invece il rapporto più intenso con la politica, forse destinato a crescere. Per la prima volta, dalla fine degli anni Settanta a oggi, tra i giovani c'è una qualche ripresa dell'impegno. Si dicono «attenti e informati» il 44,2 per cento dei giovani settentrionali e il 37,2 dei meridionali. Nello stesso tempo, cresce la percentuale di chi odia la politica. I «disgustati» del Nord sono il 17,1 per cento e quelli del Sud il 22,2. Due tendenze soltanto apparentemente contraddittorie: segnalano non più disinteresse e quindi apatia, ma attenzione o rifiuto esplicito (che è pur sempre una presa di posizione).

I ragazzi meridionali sono però molto più tristi di quelli del Nord. Senza fiducia nell'avvenire, pessimisti se non in preda allo sconforto. Sono – per dirla con la terminologia dell'indagine – fatalisti, non credono che lo sforzo paghi, che i risultati si raggiungano attraverso l'impegno. Non pensano: «Io sono l'artefice del mio destino», ma piuttosto che il successo o l'insuccesso siano dovuti al caso.

I giovani del Nord, al contrario, si dichiarano in genere soddisfatti del luogo in cui vivono, della loro casa, del loro tenore di vita. E allora, come si devono leggere complessivamente questi dati? Come stanno i giovani? Tutti benino, o invece no?

Alberto Martinelli è rassicurante: «Non vedo un quadro di alta pericolosità, una situazione di elevata drammaticità. Direi anzi che – ad eccezione di alcune aree del Mezzogiorno e delle più grandi metropoli – il passaggio dall'adolescenza all'età adulta avvenga senza traumi».

Ma sarà proprio vero?

Roma – Paolo Crepet è sorpreso: «Ma come si può dire che il passaggio dall'adolescenza all'età adulta sia indolore, tanto più sulla base dei risultati di un'indagine sociologica? La conclusione del professor Martinelli mi sembra del tutto incongrua...». Presentiamo intanto il dottor Crepet: psichiatra sui quarant'anni, consulente dell'Organizzazione mondiale della santità, tra i più grandi esperti del disagio giovanile.

È lui l'autore di un saggio sui giovani e il suicidio, *Le dimensioni del vuoto,* pubblicato un paio di mesi fa da Feltrinelli (pagg. 166, lire 24.000). Un libro fortunato, che l'editore ristamperà in settembre. In Italia, del resto, ogni giorno due giovani si tolgono la vita e altri dieci tentano di farlo. Dunque, assai più delle morti per eroina o per Aids. Ma se ne parla molto meno.

«Anche altre indagini più recenti sul disagio psicologico dei giovani non consentono di condividere l'idea ottimistica di Martinelli»: Paolo Crepet ha coordinato per conto dell'Istituto Italiano di medicina sociale una ricerca condotta su ottocento ragazzi, tra i 18 e i 26 anni, a Siena e a Foggia (la prima città scelta per il suo basso indice di disoccupazione giovanile, la seconda per il motivo opposto). I risultati saranno pubblicati da un autorevole bimestrale britannico, l'*International Journal of Social Psychiatry.*

«Sa cosa viene fuori dal nostro lavoro?», chiede Paolo Crepet. «Non è una semplificazione se dico che questi ragazzi stanno tutti male. Tutti: studenti, occupati, disoccupati. Dal punto di vista del disagio emotivo non fa una grande differenza: <u>i giovani vivono un malessere che non si attenua a seconda della collocazione professionale e neppure geografica.</u>

«L'unico elemento discriminante è <u>la differenza di genere</u>: le ragazze soffrono di più perché percepiscono assai meglio il disagio, che si esprime soprattutto in forme di depressione e poi in ansietà e con i sintomi più svariati. Anche se sono i ragazzi, che si rivelano meno introspettivi, a somatizzare di più soprattutto con problemi di natura sessuale». Sono addirittura i giovani occupati a stare *leggermente* peggio. «Non c'è da stupirsi. Spesso noi trasferiamo sui giovani idee adulte. <u>Il lavoro è un esempio classico. Per noi è spesso un fattore protettivo dalla sofferenza, ma per i ragazzi non è lo stesso, è un discorso che va declinato in modo diverso.</u> Del resto, se una sogna di lavorare in un'agenzia di pubblicità a New York e invece fa la commessa all'Upim, crede che stia bene?».

Lu.S.

Lo psichiatra Paolo Crepet contesta Alberto Martinelli "Non è vero che il passaggio all'età adulta sia indolore"

Vent'anni a vuoto

Blue jeans e lumbard

A. Leggere con attenzione l'articolo allegato, poi riempire la scheda qui sotto.

1. Ente che ha condotto la ricerca

_____

_____

2. Campione usato nella ricerca

_____

_____

3. Domanda rivolta

_____

_____

4. Risultati ottenuti

_____

_____

_____

_____

5. Ricostruire il ritratto dei ragazzi italiani del Nord e del Sud, mettendo in risalto somiglianze e differenze

_____

_____

_____

_____

_____

_____

_____

_____

_____

_____

_____

_____

_____

_____

_____

6. Giudizio complessivo sulla condizione dei giovani in Italia formulato dal preside della facoltà di Scienze Politiche dell'Università di Milano, Prof. A. Martinelli

_____

_____

_____

_____

_____

_____

B. L'articolo _Vent'anni a vuoto_ presenta alcuni commenti critici sulle conclusioni raggiunte dal Professor Martinelli. Riempire la scheda sottostante per identificare chiaramente le divergenze di opinioni sui risultati dell'inchiesta.

1. Nome, professione e cariche attuali o recenti dell'autore delle critiche

_____

_____

_____

_____

_____

2. Tesi sostenuta

_____

_____

_____

_____

_____

3. Argomentazioni usate per giustificarla

_____

_____

_____

_____

_____

_____

4. Differenza fondamentale tra l'opinione del politologo e quella dello psichiatra.

_____

_____

_____

_____

_____

_____

_____

_____

_____

_____

C. **Riesprimere con parole proprie** in contesto le seguenti frasi (sottolineate nei 2 articoli), usando un **registro più informale**.

1. Sembra un paradosso, ma oggi sono i ragazzi del Mezzogiorno e assai meno quelli che vivono nelle aree più sviluppate del Paese a rivendicare l'identità culturale nazionale.

    _____

    _____

    _____

    _____

2. Gli universi simbolici delle identità territoriali sono ormai frammentati e nel Nord il fenomeno è decisamente più accentuato.

    _____

    _____

    _____

3. I giovani vivono un malessere che non si attenua a seconda della collocazione professionale e neppure geografica.
    L'unico elemento discriminante è la differenza di genere.

    _____

    _____

    _____

    _____

4. Il lavoro è un esempio classico. Per noi è spesso un fattore protettivo dalla sofferenza, ma per i ragazzi non è lo stesso, è un discorso che va declinato in modo diverso.

    _____

    _____

    _____

D. Scrivere un **tema** di circa 200 parole su **uno** degli argomenti suggeriti.

1. Negli articoli considerati si parla della condizione giovanile in Italia. Ci sono elementi in comune con quella dei giovani nel tuo Paese?

2. Sei fiero/a di essere australiano/a (o italoaustraliano/a), oppure no? In che senso?

La coppia radiografata dall'Istat: in aumento anche le separazioni

È boom dei divorzi il Sud raggiunge il Nord

Record nel meridione: più 15%

La crisi delle famiglie In calo in tutta Italia i matrimoni (meno 2,3 per cento) Ma il vero crollo sono le nozze in chiesa

Boom di separazioni e divorzi: e la famiglia si rompe al Nord come al Sud

di MARIA NOVELLA DE LUCA

ROMA – Addio, proibito piangere. Tanto prima o poi ci si ricasca, e si torna a dire sì, arrivano i fiori, gli inviti e la spesa al supermercato insieme, il sabato mattina, giurando di non lasciarsi mai, sperando che finalmente sia «lui», convinti che finalmente sia «lei». Nell'Italia dei cuori spezzati e dei sentimenti in subbuglio i legami si rompono come mai prima d'ora: è *boom* dicono le statistiche, *boom* fanno le coppie che esplodono dappertutto, in un fiorire di separazioni e divorzi, in una guerra dei sessi che non conosce confini, al Nord come al Sud, anzi è proprio nelle regioni roccaforte della famiglia che lo sconquasso picchia più forte. Se i numeri fotografano il disagio d'amare, ecco che l'Istat spara a zero: nei primi sei mesi del 1994 (rispetto allo stesso periodo del 1993) le separazioni sono cresciute dell'8,2 per cento (erano 27.946 nel '93, sono diventate 30.224 nel '94) i divorzi sono saliti dell'8 per cento (da 14.005 del '93, a 15.126) i matrimoni sono calati del 2,3 per cento, e le nozze in chiesa assaporano un declino senza ritorno. Ma non è tutto: a vent'anni dal referendum sulla legge Baslini, per la prima volta le statistiche «omologano» l'Italia. Si sgretolano i luoghi comuni e si scopre che i divorzi nel Sud sono aumentati del 15 per cento rispetto allo scorso anno.

Addio ruoli tradizionali dunque. L'antropologa Ida Magli sorride e spiega che «se ci sono tanti divorzi vuole dire che le donne del Sud sono finalmente riuscite a diventare autonome, perchè, è inutile nasconderlo, sono quasi sempre le donne che quando un rapporto è finito dicono "basta", e quindi questo dato, se letto nella sua particolarità geografica, è la conferma di una mutazione positiva, è la riprova di faticose conquiste». Ida Magli non vuol sentir parlare di polverizzazione della famiglia o di «catastrofe» dei rapporti. Piuttosto la Magli precisa che «il minor numero di divorzi non voleva dire che al Sud la famiglia fosse più stabile, ma semplicemente che le sue lacerazioni se le teneva tra le mura di casa». «E poi – continua – dobbiamo smetterla di stupirci. Un tempo il matrimonio era un contratto che si basava su un sentimento ma era al servizio della società. Quindi durava. Oggi il matrimonio è solo al servizio del sentimento. E i sentimenti, a differenza dei contratti sociali, mutano, cambiano, invecchiano. Quindi quando il sentimento è da "buttare" si butta via anche il contratto».

In effetti questa è la realtà. Che poi questo gioco di tira-e-molla sia terribilmente faticoso, che il rac-

cogliere i cocci di un amore frantumato sia una prova ardua e dolorosa, senza parlare dei figli che migrano di famiglia in famiglia, tutto ciò fa parte del risvolto della medaglia. «È il prezzo che si paga è sempre alto – conferma la sociologa della famiglia Chiara Saraceno – un'unione che si rompe è comunque una sconfitta, e ben difficilmente ci si salva dal desiderio di farla pagare all'*altro*, o quello che è più grave, ai figli. Questo non significa però che i contratti inviolabili di ieri siano meglio della confusione di oggi. In questo senso si devono analizzare le statistiche che vengono dal Sud. Oggi, nonostante le enormi difficoltà, le donne del Sud lavorano. Dunque, pur in presenza di figli, possono più facilmente di ieri, abbandonarsi alle spalle un matrimonio che non va più». La domanda resta però quella originale: perchè i rapporti durano tanto poco? «Io credo – è il pensiero di Chiara Saraceno – che nella coppia siano insorti nuovi conflitti, dovuti al fortissimo mutamento del ruolo della donna, a cui non è seguita un'adeguata trasformazione dell'uomo. Non solo. Si è persa, e non lo dico in senso moralistico, la consapevolezza che per *essere in due* bisogna perdere dei pezzettini di sé. Altrimenti la collisione è inevitabile. Si può sempre ricominciare, ma il dolore è assicurato. Per lui, per lei, per i figli».

È boom dei divorzi
il Sud raggiunge il Nord

A. Leggere con attenzione l'articolo proposto, poi rispondere alle domande in modo chiaro, conciso e con parole proprie, possibilmente.

1. Qual è l'argomento trattato dall'articolo?

   _____

   _____

2. Quali sono le informazioni statistiche che vengono date riguardo a:

   separazioni _____

   matrimoni _____

   divorzi _____

3. Quale luogo comune è contraddetto dalla ricerca condotta dall'Istat?

   _____

   _____

   _____

4. L'articolo menziona 'ruoli tradizionali'; che cosa s'intende con questa espressione?

   _____

   _____

   _____

5. L'aumento di divorzi nel Sud, secondo Ida Magli, ha una connotazione positiva. Quale?

   _____

   _____

   _____

6. La spiegazione del minore numero di divorzi nell'Italia meridionale in passato è che la famiglia lì era più forte. È vero?

   _____

   _____

   _____

7. Secondo Ida Magli, che differenza c'è tra il concetto del matrimonio in passato e quello di oggi?

_____

_____

_____

8. In che cosa consistono le conseguenze negative dei matrimoni falliti secondo la giornalista autrice dell'articolo?

_____

_____

_____

9. In che senso la sociologa Chiara Saraceno conferma quello che dice la giornalista?

_____

_____

_____

10. Chiara Saraceno dà una definizione del matrimonio riferita al passato. Come lo definisce?

_____

_____

_____

11. Sempre la Saraceno offre una spiegazione dell'aumento dei divorzi al Sud. Quale?

_____

_____

_____

12. Da che cosa dipende la breve durata dei matrimoni moderni, secondo la stessa sociologa?

_____

_____

_____

B. Con parole proprie **riformulare in contesto** le seguenti espressioni (sottolineate nell'articolo).

1. [...], anzi è proprio nelle regioni roccaforte della famiglia che lo sconquasso picchia più forte.

_____

_____

2. Se i numeri fotografano il disagio d'amare, ecco che l'Istat spara a zero: [...].

_____

_____

3. [...], e le nozze in chiesa assaporano un declino senza ritorno.

_____

_____

4. [...], per la prima volta le statistiche "omologano" l'Italia.

_____

_____

5. [...], tutto ciò fa parte del risvolto della medaglia.

_____

_____

C. Sotto il titolo dato qui sotto, comporre un **breve comunicato stampa** per il giornale italiano locale, basandolo sulle informazioni lette nell'articolo.

Famiglia e società: i rilievi Istat dimostrano la crisi della coppia
Scricchiola il matrimonio all'italiana

_____

_____

_____

_____

_____

_____

D. Illustrare in una o due frasi le informazioni che la tabella offre in cifre.

	1992	1993	1994	
Matrimoni	303.785	292.632	285.112	– 2,6%
Separazioni	45.754	48.198	51.445	+ 6,7%
Divorzi	25.997	23.863	27.510	+15,3%

la Repubblica, 28/9/95

E. Scrivere un **tema** di circa 250 parole su **uno** degli argomenti suggeriti.

1. Nel testo dell'articolo compare questa affermazione: " [...] per essere in due bisogna perdere dei pezzettini di sé". È un'opinione accettabile? Sì o no? In che senso?

2. Se il matrimonio un tempo era un punto di arrivo, ora c'è molta più incertezza sulla sua durata. È un bene? È un male? Esprimi la tua opinione servendoti anche di esempi concreti.

la Repubblica
lunedì 10 aprile 1995

I RAGAZZI
BOCCIATI
MOLTO PIÙ
DELLE
FEMMINE

NELLE
SCUOLE
SCOMPARE
LA FIGURA
DEL MAESTRO

DONNE in cattedra
In crisi gli alunni maschi

di MARINA CAVALLIERI

TROPPE signore maestre, troppe professoresse in cattedra, la scuola italiana è di un rosa accecante. Il gran numero di donne insegnanti, questo universo didattico quasi esclusivamente femminile, nuoce ai maschi e li fa insorgere.

Ricerche in pugno, statistiche alla mano, un ispettore della Pubblica istruzione, Raffaele Iosa, fa una denuncia che suscita sorpresa: «I maschi sono in crisi dentro la scuola». Una prova? Basta vederli. I bambini crescono sotto lo sguardo di docenti-mamme che oscillano tra il considerarli eterni cuccioli o irrequieti maschiacci, così vengono su accumulando disagi e incertezze sulla loro identità.

Dice Iosa: «Sono giudicati irrequieti, svogliati e rumorosi, ma questi comportamenti invece di essere interpretati come tappe della loro crescita vengono mal tollerati. I maschi collezionano molte più bocciature delle femmine e spesso per loro inizia sui banchi un percorso di emarginazione che continua nell'adolescenza e può portarli alla tossicodipendenza». Una denuncia sofferta e dettagliata, con la conseguente richiesta di garantire una quota di cattedre ai maschi. Prima proposta di quote al maschile, in nome della differenza sessuale, dell'identità di genere.

«Nei concorsi per maestri elementari dovrebbe esserci un numero di posti riservati agli uomini, l'assenza di figure maschili nuoce alla didattica», dice Iosa. A sostegno della teoria ecco i numeri. Nella materna le maestre sono 73.252 e solo 309 gli uomini, nelle elementari continua la sproporzione: 237.285 contro 17.755. Nelle medie la bilancia è ancora inclinata a favore delle donne: 154.892 da un lato, 59.969

dall'altro. «L'assenza di un punto di vista maschile sulla didattica, sulla identificazione psicologica, sul rapporto umano può determinare una minore attenzione allo specifico maschile. Tutto il mondo simbolico dentro la scuola fa parte di un immaginario femminile».

Ma Iosa non si ferma qui. «C'è un disagio maschile nell'infanzia e nella preadolescenza che dai banchi porta poi ad altri tipi di emarginazione. Su 10 bocciati 8 sono maschi, non è un caso che questo sia lo stesso rapporto statistico esistente tra tossicodipendenti e tra ragazzi con handicap psichici. La crisi dei maschi dentro la scuola fa pensare che se avessimo più uomini insegnanti ci sarebbero risultati migliori. Prima erano le ra-

gazze destinate al matrimonio a collezionare disagi e bocciature, ma a partire dagli anni 80 la situazione si è invertita».

Analisi interessante, proposta provocatoria fatta in un momento in cui la scuola elementare è già al centro di polemiche. I radicali intendono promuovere un referendum per annullare la riforma che ha cancellato la figura della maestra unica a favore dei "moduli", che prevedono tre e anche quattro insegnanti per ogni classe.

«In una ricerca abbiamo chiesto a maschi e femmine che cosa volevano cambiare della didattica», racconta Nico Danieli preside di una scuola media di Modena. «I maschi fanno richieste che hanno a che fare con l'attività motoria, con il "fare", con l'espressione fisica e manuale. Mentre le bambine preferiscono lo "studiare" e il "leggere". La "scuola

dello star seduti", con la lezione frontale, ovvero il modo d'insegnare dominante, sembra più congeniale alle femmine».

I maestri, a scanso di equivoci, mettono le mani avanti e si difendono da possibili futuri attacchi: «La nostra non è una battaglia maschilista. Purtroppo il maschile s'identifica sempre con il maschilismo». Ma ci sono delle differenze sessuali che rischiano di essere penalizzate, dicono. «Quel ritardo biologico, di circa diciotto mesi, dei maschi rispetto alle femmine nell'età puberale rimane incompreso, senza la capacità di affrontarlo».

«Nelle classi terminali per una donna è facile riconoscere in una bambina quei turbamenti che hanno a che fare con il loro sviluppo. Dei maschi percepiamo di più la turbolenza, l'indocilità, la rumorosità», spiega Graziella Roda che insegna in una scuola elementare di Bologna. «Come in tutti gli ambienti monosessuli le caratteristiche negative vengono esasperate. La presenza dei due sessi servirebbe a riequilibrare la situazione».

Ma chi ha cacciato gli uomini dalla scuola? «Non certo le donne. Il fatto è che non viene considerata una professione di prestigio, lo stipendio è inadeguato per chi si presuppone debba mantenere una famiglia. È un lavoro che deve diventare appetibile per tutti», dice Oscar Pavan, maestro di Pordenone. Tornino dunque gli uomini in cattedra. Anche a prezzo di occuparsi delle turbolenze fisiologiche dei piccolissimi? «Lo faremo», rispondono gli uomini in lotta.

Gli psicologi d'accordo nel valutare negativamente
l'assenza maschile nel momento della crescita

È una situazione troppo squilibrata

AMBIENTE scolastico monosessuale, solitudine delle donne in cattedra. Ridimensiona il fenomeno Maria Corda Costa, pedagoga: «Il problema esiste ma mi sembra eccessivo un collegamento diretto tra mancanza di uomini nell'insegnamento e patologie sociali degli adolescenti. Comunque è vero che i maschi alla fine della scuola elementare, in quarta e quinta, hanno bisogno di una identificazione con la figura maschile e nelle scuola media si ripropone lo stesso problema. Adesso i bambini finiscono con il vivere un universo alterato».

Ma la differenza di rendimento scolastico tra maschi e femmine ha molte cause, non è dovuto, almeno non esclusivamente, ad "un'incomprensione dell'identità maschile". «Concorre un insieme di fattori di cui alcuni culturali. Le donne sono, per esempio, educate a mantenere l'ordine, mentre nei maschi si tollera di più l'indisciplina. Un comportamento che si riflette tra i banchi. Dal punto di vista psicologico c'è senza dubbio una maggiore precocità verbale nelle bambine ma la differenza si affievolisce e poi scompare nella scuola superiore».

Se Corda Costa ridimensiona, Fiorella Farinelli, assessore alle politiche educative del comune di Roma, contrattacca. «Le studentesse resistono di più nella scuola perché partendo svantaggiate non vogliono farsi sfuggire questo treno. Quanto alle quote può essere un utile

provocazione ma non ritengo che sia questo il problema. L'insegnamento è un lavoro che vive una grossa svalutazione economica e sociale per questo i maschi scappano. Nella cultura maschile e mediterranea gli uomini rifuggono da questi ruoli, lavorare in una scuola materna o elementare è semplicemente considerato aa donne. Non è un caso che al Sud, dove è maggiore la disoccupazione, cresce il numero degli insegnanti uomini».

Esiste però un disagio maschile visibile nella scuola dell'obbligo. «L'identità femminile è un'identità in crescita mentre quella maschile è complessivamente in crisi. Ora, la mancanza di figure maschili di riferimento proprio nel luogo della crescita per i maschi può peggiorare la situazione. Anche perché i bambini non vivono più, come un tempo, in famiglie allargate e soffrono di una carenza di modelli».

«Che sciagura», dice invece Antonio Faeti pensando alla scuola delle donne. Faeti iniziò a fare il maestro elementare

a 19 anni, nel 1958, quando in cattedra c'erano anche gli uomini. Prima che la professione si svalutasse e gli uomini abbandonassero le aule, prima della «solitudine femminile». «È un problema di presenze e non solo di modelli perché io ero molto meno autoritario di alcune mie colleghe, loro sì che erano dei veri granatieri».

«Quando feci il concorso le quote c'erano perché maschi e femmine erano separati nelle classi ed erano previsti insegnanti per gli uni e per le altre. Poi venne l'unificazione e lentamente gli uomini sparirono». Fino all'assenza attuale. «La proposta delle quote è orrenda però il problema esiste. In questo modo la scuola ha mancato ad uno dei suoi obiettivi che è il collegamento con la realtà. Nell'insegnamento c'è un universo sbilanciato che può portare a conseguenze negative, quelle che conosciamo degli ambienti monosessuali: senso di solitudine, bisogno di dialogo». Ma anche lui mette le mani avanti, per carità, anche nel suo caso, niente maschilismo.

DONNE
in cattedra

A. Leggere con attenzione l'articolo allegato e poi rispondere alle domande sottostanti.

1. In che cosa consiste il problema presentato nell'articolo?

_____

_____

_____

_____

2. Quali sono gli aspetti specifici del problema che sembrano preoccupanti?

_____

_____

_____

_____

3. Si tratta di un'opinione personale o di un problema oggettivo? Perché?

_____

_____

_____

_____

4. In base a quali argomentazioni si parla di 'crisi dei maschi' nella scuola?

_____

_____

_____

_____

5. Come è cambiata nel tempo la situazione delle femmine all'interno del contesto scolastico?

_____

_____

_____

_____

6. Qual è uno dei cambiamenti introdotti dalla riforma della scuola elementare italiana?

_____

_____

_____

_____

7. Secondo un preside intervistato il modo di insegnare tradizionale favorisce i maschi o le femmine?
   Perché?

_____

_____

_____

_____

_____

8. Possibili spiegazioni della differenza di successo scolastico tra maschi e femmine.

_____

_____

_____

_____

_____

9. Quali sono i motivi della scarsa presenza maschile tra gli insegnanti nelle scuole italiane?

_____

_____

_____

_____

_____

10. Si può dare la colpa della situazione descritta al femminismo?

_____

_____

_____

_____

B. Con parole proprie **spiegare in contesto** le seguenti espressioni sottolineate nel testo.

1. la scuola italiana è di un rosa accecante.

_____

2. I maschi collezionano molte più bocciature delle femmine.

_____

3. I maestri, a scanso di equivoci, mettono le mani avanti.

_____

4. non vogliono farsi sfuggire questo treno.

_____

5. erano dei veri granatieri.

_____

C. Sintetizzare in una o due frasi con parole proprie le informazioni che la tabella presenta in cifre.

DOCENTI DI RUOLO

femmine	maschi
MATERNE	
73.252	309
ELEMENTARI	
237.285	17.755
MEDIE	
154.892	59.969
SUPERIORI	
132.416	105.963

fonte:
Ministero
della
Pubblica
Istruzione

_____

_____

_____

_____

_____

_____

_____

_____

_____

D. Riportare al **discorso indiretto**, facendo gli opportuni cambiamenti, ciò che ha detto un ispettore della
   Pubblica Istruzione, Raffaele Iosa.

"I maschi sono giudicati irrequieti e rumorosi, ma questi comportamenti invece di essere interpretati
come tappe della loro crescita vengono mal tollerati.
Nei concorsi per maestri elementari dovrebbe esserci un numero di posti riservati agli uomini, l'assenza di figure maschili nuoce alla didattica. La crisi dei maschi dentro la scuola fa pensare che se avessimo più uomini insegnanti ci sarebbero risultati migliori. Fino a poco tempo fa erano le ragazze destinate al matrimonio a collezionare bocciature, ma oggi la situazione si è invertita.
È grave che l'insegnamento non venga considerato una professione di prestigio. È mia speranza che in
un futuro non troppo lontano diventerà un lavoro appetibile per tutti. Uomini, non rassegnatevi a restare esclusi dalla formazione delle generazioni future, esercitate un vostro diritto!"

Tempo fa in un suo discorso R. I. aveva detto che _____

_____

_____

_____

_____

_____

_____

_____

_____

_____

_____

E. Inserire negli spazi vuoti i **pronomi relativi** opportuni, con o senza preposizione e/o articolo, a seconda della necessità.

In crisi gli alunni maschi

_____ sostiene che gli alunni maschi sono in crisi è Raffaele Iosa, un ispettore della

Pubblica Istruzione, _____ si deve la richiesta di garantire ai maschi una quota di cattedre

_____ cercare di riequilibrare la situazione squilibrata _____ esiste oggi

all'interno della scuola italiana, _____ la stragrande maggioranza di insegnanti è costi-

tuita da donne.

Proprio nel momento della crescita _____ hanno più bisogno di una identificazione con la figura maschile, i bambini risentono di una carenza di modelli maschili di riferimento, _____ mancanza può essere negativa.

È una situazione _____ cause sono molteplici: innanzi tutto lo stipendio è insufficiente per _____ ha la responsabilità di mantenere una famiglia. Poi ci sono altri motivi, alcuni _____ culturali. Lavorare in una scuola materna o elementare è considerato un lavoro da donne, un ruolo _____ gli uomini rifuggono e _____ non vogliono identificarsi.

F. Scegliere UNO degli argomenti suggeriti e scrivere un **tema** di circa 250 parole.

1. "L'identità femminile è un'identità in crescita mentre quella maschile è complessivamente in crisi. Ora, la mancanza di figure maschili di riferimento proprio nel luogo della crescita per i maschi può peggiorare la situazione".
   Esprimi la tua opinione in proposito in base alla tua esperienza personale e/o alla realtà della società in cui vivi.

2. "Nella cultura maschile e mediterranea gli uomini rifuggono da questi ruoli, lavorare in una scuola materna o elementare è semplicemente considerato da donne".
   Ruoli maschili, ruoli femminili, all'interno della famiglia e della società: differenziati e complementari o intercambiabili? Qual è la tua opinione in merito?

3. Nel microcosmo del tuo corso d'italiano sembra ripetersi la situazione di prevalenza assoluta di donne. È un vantaggio o uno svantaggio? In che senso? Illustra.

4. Valuta criticamente l'articolo proposto tenendo conto dei seguenti fattori:
   a) chiarezza, completezza, attendibilità delle informazioni;
   b) organizzazione e coerenza del discorso;
   c) stile.
   Stabilisci se si tratta di un articolo valido e ben scritto oppure no; usa citazioni dal testo quando lo ritieni utile per illustrare il tuo punto di vista.

"Più Levi e meno Manzoni"

di STEFANO COSTANTINI

ROMA - «L'antirazzismo s'imparerà sui banchi di scuola». Lo promise a novembre il ministro Rosa Russo Jervolino subito dopo i gravi episodi d'intolleranza accaduti a Roma, protagonisti giovani naziskin scatenati contro la comunità ebraica. Ieri, a darle manforte su questa linea, è sceso in campo il presidente del Consiglio Giuliano Amato, che, in modo molto più esplicito, ha proposto: «Nelle nostre scuole si studi più Primo Levi e meno Manzoni».

Un'idea che sarebbe sicuramente piaciuta allo scrittore ebreo morto suicida nell'87. L'avrebbe apprezzata soprattutto perché già quaranta anni fa diceva più o meno la stessa cosa. Rimproverava agli studenti romani - anzi, ai loro insegnanti - di conoscere la tomba di Cecilia Metella meglio delle Fosse Ardeatine. Chissà se Amato abbia scelto come esempio Primo Levi proprio per questo motivo, ieri, durante la conferenza stampa tenuta a Palazzo Chigi nella quale sono state illustrate le iniziative del governo contro l'antisemitismo.

Fatto sta che i professori, secondo Amato, «non devono più dire "io ho un programma da seguire"». Ogni docente deve essere libero di insegnare quello che vuole, altrimenti un professore si troverà a spiegare quattro volte i persiani e mai il nostro tempo».

«Il ministero - ha detto ancora il capo del governo - deve liberare gli insegnanti dai programmi». In realtà i docenti già godono di questa libertà. La sancisce addirittura la Costituzione. Ma il ministro della Pubblica istruzione Jervolino ha comunque deciso di andare oltre. E ha assicurato al presidente del Consiglio di aver provveduto a quest'esigenza nel disegno di legge sulla riforma della maturità. «Il nuovo esame - ha spiegato Rosa Russo Jervolino - consentirà ai docenti di scegliere un programma di storia che dia rilievo alla parte contemporanea».

Ieri, il ministro ha inviato un messaggio a tutte le scuole «per dire no all'intolleranza e all'antisemitismo» dopo che «i mesi scorsi hanno visto ripetersi nel paese e in Europa episodi inqualificabili di razzismo a cui hanno fatto seguito rigurgiti di antisemitismo che fanno temere il risorgere di spettri del passato».

Un impegno, quello del ministero della Pubblica istruzione, iniziato sotto la spinta dei sindacati confederali - e della Cgil Scuola in particolare - che chiesero un incontro con i rappresentanti delle comunità ebraiche per capire cosa potesse fare la scuola per non trovarsi mai più sul banco degli imputati, accusata di allevare al suo interno neonazisti.

«Mancava un segno da parte della scuola intesa come istituzione spiega Dario Missaglia, segretario generale della Cgil Scuola - perché la scuola reale si era già mossa per proprio conto sul fronte dell'antisemitismo. Ecco, credo che il messaggio colmi questo vuoto. Credo che servirà a superare quella che chiamo la sindrome da rimozione culturale. La Resistenza era ormai ridotta a un rito, relegata nelle ultime pagine dei libri di storia. Ho proposto al ministro - prosegue Missaglia - di chiedere aiuto alla Rai per fare dei programmi utilizzando lo sterminato materiale dell'Istituto Luce. Se fossero trasmessi al mattino, potrebbero essere di ausilio alle lezioni. Il ministro mi ha assicurato di aver già parlato con il direttore generale della Rai, e che si sta lavorando in questa direzione».

«Se è il sindacato a chiedere l'intervento del governo, abbiamo fatto quattro passi avanti», così Amato ha commentato la sollecitazione sottoscritta da Cgil, Cisl, Uil e Snals.

Ma i sindacati non sono stati gli unici a chiedere allo Stato di respingere i rigurgiti di antisemitismo manifestatisi a Roma, in novembre, quando alcuni commercianti ebrei si videro marchiare le vetrine dei negozi con la stella di David. Il presidente delle comunità israelitiche italiane, Tullia Zevi, pretese un incontro con il ministro Jervolino durante il quale trovò "comprensione" e aiuti concreti. La responsabile della scuola italiana disse sì al progetto di una videocassetta che spiegasse gli orrori dell'Olocausto. Un documentario pressoché pronto e che nei prossimi giorni dovrebbe essere presentato ufficialmente prima di fare il suo ingresso in tutte le classi d'Italia.

Anche la Zevi, nel lungo colloquio con il ministro, ribadì la necessità di rivedere programmi e libri di testo. «Si dia meno spazio alle guerre puniche e più alla storia contemporanea», disse.

Ora, su questo punto, sono tutti d'accordo. E forse non accadrà più che una videocassetta sull'eccidio delle fosse Ardeatine finisca in qualche scantinato, come purtroppo è accaduto.

(la Repubblica, 1993: data precisa non rintracciata)

"Più Levi e meno Manzoni"

A. Leggere con attenzione l'articolo allegato, poi rispondere alle domande qui sotto con parole proprie.

1. Spiegare il significato del titolo "Più Levi e meno Manzoni".

_____

_____

_____

_____

2. Spiegare in contesto l'espressione "a darle manforte su questa linea" (par. 1).

_____

_____

_____

_____

3. Quali sono le proposte del presidente del Consiglio Amato?

_____

_____

_____

_____

4. A quali episodi di antisemitismo si fa riferimento nell'articolo?

_____

_____

_____

_____

5. In che senso il ministro della Pubblica Istruzione "ha deciso di andare oltre" (par. 4)?

_____

_____

_____

_____

6. Quali eventi hanno spinto il ministro della Pubblica Istruzione a inviare un messaggio a tutte le scuole?

_____

_____

_____

_____

7. Che cosa si intende per "rigurgiti di antisemitismo che fanno temere il risorgere di spettri del passato" (par. 5)?

_____

_____

_____

_____

8. Come sono intervenuti i sindacati sul fronte dell'antisemitismo?

_____

_____

_____

_____

9. Quali sono le iniziative concrete suggerite da Missaglia e da Zevi?

_____

_____

_____

_____

B. Riassumere in un paragrafo il contenuto dell'articolo.

_____

_____

_____

_____

_____

_____

C. Trasformare le frasi secondo l'esempio dato.

    Esempio: Studiate più Levi e meno Manzoni -> **Si studi più Levi e meno Manzoni**

1. Introducete l'antirazzismo nelle scuole.

    _____

2. Non ripetete sempre gli stessi argomenti.

    _____

3. Lasciate più libertà agli insegnanti.

    _____

4. Rivedete i programmi e i libri di testo.

    _____

5. Non tollerate episodi di razzismo.

    _____

6. Utilizzate materiale didattico aggiornato.

    _____

D. Completare le frasi seguenti con il tempo adatto del **congiuntivo**.

1. La scuola italiana potrà contribuire a combattere il razzismo a patto che _____

    _____

2. Primo Levi si impegnò perché _____

    _____

3. I sindacati sono intervenuti presso il governo affinché _____

    _____

4. Il problema dell'antisemitismo non è ancora risolto sebbene _____

    _____

E. Riempire gli spazi mettendo gli infiniti al **tempo e modo opportuno**.

In centomila contro il razzismo

MILANO - La manifestazione nazionale contro il razzismo RIUSCIRE _____ *è riuscita* _____

in pieno. In centomila ARRIVARE _____ da tutta Italia, per dire che la

solidarietà non è morta. Una grande festa pacifica, senza tensione e senza il minimo incidente: carabinieri

e polizia DOVERE _____ incassare solo qualche slogan di punk.

ESSERE _____ da molto tempo che nel centro di Milano non REA-

LIZZARSI _____ una manifestazione di tale portata.

Già a partire dalle 7 di mattina decine di pullman e treni speciali SCARICARE

_____ delegazioni provenienti da tutta Italia, che lentamente RAG-

GIUNGERE _____ il punto di incontro.

Il corteo MUOVERSI _____ alle 14,30 dai bastioni di Porta Venezia. I

più ESSERE _____ giovanissimi, immigrati marocchini, senegalesi,

curdi, iracheni, eritrei, filippini, ecc. Molti anche i bambini: sembrava che DIVERTIR-

SI _____ sebbene qualcuno evidentemente PREFERIRE

_____ sconfinare nei vicini giardini pubblici e farsi comprare un pal-

loncino. ENTUSIASMARE _____ i ragazzini un grande mappamondo

gonfiabile che RIMBALZARE _____ da una parte all'altra del corteo.

Uno dopo l'altro i politici ALTERNARSI _____ sul palco a commen-

tare soddisfatti la manifestazione. "Una giornata ordinata e civile", ha detto il sindaco che, insieme ad

altre autorità, CONDURRE _____ il corteo. "Mi auguro che la manife-

stazione RIUSCIRE _____ a convincere la gente della necessità di

combattere il razzismo".

"Non basta una manifestazione", AGGIUNGERE _____ da parte sua il

vicesindaco. "Bisogna che la solidarietà DIVENTARE _____ prassi di

vita. Ma Milano, in questo campo, ha tradizioni solide: negli anni Cinquanta, quando nel giro di poco

tempo la città diventò la meta di migliaia di immigrati dal Sud, RIUSCIRE

_____ a far fronte egregiamente a molti problemi. Nonostante che epi-

sodi di razzismo VERIFICARSI _____ anche allora, molti cittadini

DIMOSTRARE _____ solidarietà e fratellanza nei confronti degli

immigrati meridionali".

F. Completare il brano in modo opportuno.

Primo Levi

Nato a Torino _____ famiglia ebrea nel 1919, Primo Levi

_____ il liceo classico e l'università _____ sua

città natale. Laureatosi in chimica nel 1941, l'anno _____ si trasferì a

Milano _____ lavorare in un'impresa di medicinali.

_____, si unì a una banda partigiana, ma i fascisti _____

catturarono e internarono in un campo italiano. Da qui venne deportato nel lager di Auschwitz

_____ rimase per quasi un anno. L'esperienza del lager fu

_____ in *Se questo è un uomo* (1948), _____

rievoca con precisione non solo la pena fisica, _____ il processo di

distruzione psichica e morale _____ internati. Levi sopravvisse fino al

1945, _____ il lager venne liberato _____

truppe sovietiche. Ne *La tregua* (1963), il _____ secondo libro, lo

scrittore racconterà il lungo e avventuroso ritorno in patria. Dopo, l'attività narrativa continuerà su

temi legati _____ civiltà industriale e tecnologica, in opere

_____ *Storie naturali* (1966) e *Vizio di forma* (1971). Nel 1978 pubbli-

ca *La chiave a stella*, una raccolta di racconti _____ un unico protago-

nista che, incontrato il chimico Primo Levi in contrade remote, _____

racconta le sue esperienze. _____ i due si stabilisce un'intesa fondata

sull'amore che _____ di loro nutre per il proprio lavoro. Nel 1982 esce

il romanzo *Se non ora, quando?*, che _____ un grande successo di pub-

blico. Escono _____ : una raccolta di poesie, *Ad ora incerta* (1984), e

una serie di articoli già scritti per "La Stampa" e pubblicati _____

volume nel 1986, *I sommersi e i salvati*, sintesi delle _____ riflessioni

etiche, storiche e politiche sull'esperienza del lager nazista. È morto suicida nel 1987.

G. Scrivere un **tema** di circa 200 parole su **uno** degli argomenti suggeriti.

1. Scrivete una lettera al direttore del giornale e, facendo riferimento a quanto letto nell'articolo, presentate i vostri commenti a proposito del razzismo nella società di oggi ed offrite delle proposte concrete per
combatterlo.

2. "La scuola, come altre istituzioni, ha il dovere di partecipare alla battaglia contro il razzismo nella
nostra società". Discutete.

Punteggio suggerito per i test

1. CON QUELLA FACCIA DA ITALIANO IN GITA
A. Comprensione   20 (2, 2, 2, 4, 3, 3, 2, 2)
B. Lessico   6 (1, 2, 1, 1, 1)
C. Verbo>nome   4
D. Riassunto   20
E. Si impersonale   20 (tutti:1 punto, *rammaricartene*:2 punti)
F. Tema   30

TOTALE   100

2. BLUE JEANS E LUMBARD
A. Comprensione   23 (2, 2, 2, 2, 10, 5)
B. Opinioni a confronto   17 (3, 4, 5, 5)
C. Variazione di registro   10 (2.5 x 4)
D. Tema   50

TOTALE   100

3. È BOOM DEI DIVORZI
A. Comprensione   24 (2 x 12)
B. Lessico   10 (2 x 5)
C. Comunicato stampa   10
D. Tabella   6
E. Tema   50

TOTALE   100

4. DONNE IN CATTEDRA
A. Comprensione   28 (1-9: 3 punti ciascuno; 10:1 punto)
B. Lessico   5
C. Tabella   5
D. Discorso indiretto   20
E. Pronomi relativi   12
F. Tema   30

TOTALE   100

5. "PIÙ LEVI E MENO MANZONI"
A. Comprensione   18 (2 x 9)
B. Riassunto   10
C. Si impersonale   6
D. Congiuntivo   4
E. Tempi e modi   20
F. Completare il brano   12 (0.5 x 24)
G. Tema   30

TOTALE   100

APPENDICE

COME ANDARE A CAPO - DIVISIONE IN SILLABE

Per andare a capo alla fine della riga non si possono spezzare le parole a piacere, ma esistono delle regole che è necessario rispettare. Eccole:

● una vocale iniziale di parola, seguita da una sola consonante, fa sillaba a sé: *a-more, o-dore, o-lio*;

● una sola consonante fa sillaba con la vocale seguente: *ma-re, co-lo-re, ca-pi-ta-le*;

● le consonanti doppie si dividono tra due sillabe: *det-to, fat-to, sof-fit-to*. In questa categoria può stare anche il gruppo -cq: *ac-qua, nac-que*;

● gruppi di due o tre consonanti diverse tra loro:
a) fanno sillaba con la vocale seguente se possono trovarsi all'inizio di parola: *e-bre-o, mi-cro-bo, ma-gro, e-sta-te, a-spro* (infatti in italiano esistono parole che cominciano per br-, cr-, gr-, st-, spr-);
b) si dividono tra due sillabe se non possono trovarsi all'inizio di parola: *im-por-tan-te, al-ber-go, tec-ni-ca, rit-mo, pun-to, vir-go-la* (non esistono in italiano parole che cominciano per mp-, rt-, nt-, lb-, rg-, cn-, tm-, ecc.);

● gruppi di due o tre vocali:
a) sono indivisibili se sono pronunciati con una sola emissione di voce (dittonghi e trittonghi): *mai, pia-no, uo-mo, vie-ni, pio-ve, pau-sa, miei, tuoi, a-iuo-la*;
b) si dividono tra due sillabe se sono pronunciati con due emissioni di voce (iato): *pa-e-se, pi-o-lo, pa-u-ra, spi-a, ri-u-sa*;

● gruppi di due o tre lettere che denotano un solo suono, come gl-, gn-, sc-, gli-, sci- (digrammi e trigrammi), sono indivisibili: *gli, fi-gli, o-gni, gnoc-chi, sci, pe-sce, a-glio, fa-mi-glia, la-scia, scien-za*;

● l'apostrofo alla fine della riga è da evitare, anche se è ammesso e sui giornali lo si trova comunemente.

PUNTEGGIATURA

La punteggiatura serve a indicare le pause tra le frasi o tra le parti di una frase, in modo da riprodurre, nello scritto, le articolazioni logico-sintattiche e le intonazioni espressive del discorso parlato. È estremamente importante per facilitare la lettura e la comprensione di un testo.
I **segni di punteggiatura** sono:

.	il punto o punto fermo
,	la virgola
;	il punto e virgola
:	i due punti
?	il punto interrogativo
!	il punto esclamativo
...	i puntini di sospensione
-	il trattino
–	la lineetta
" "	le virgolette
( )	le parentesi tonde
[ ]	le parentesi quadre
/	la sbarretta

Inoltre, a livello di organizzazione testuale del discorso, unità fondamentale è il paragrafo.

Il punto

Indica una pausa netta. **Si usa:**

- alla fine di una frase o di un periodo;
- nelle abbreviazioni: *ecc.* (=eccetera), *pag.* (=pagina), *sig.* (=signore), *f.lli* (=fratelli);
- nelle sigle, ma non sempre:
    D.L. (=Decreto Legge), *d.d.l.* (= disegno di legge), *P.R.I./PRI* (=Partito Repubblicano Italiano).

La virgola

Indica una pausa breve. **Si usa:**

- nelle enumerazioni e descrizioni:
    vorrei pane, latte, burro e caffè; Maria è una ragazza alta, magra, allegra, molto simpatica e diver-tente;
- nelle frasi coordinate senza congiunzioni:
    mio padre è di Ferrara, mia madre di Livorno; stamattina mi sono alzata, lavata, vestita e poi sono uscita;
- negli incisi:
    Ferrara, la città dove sono nata, si trova in Emilia e, lasciatemelo dire, è una bellissima città;
- nei vocativi:
    mamma, cosa c'è da mangiare stasera?; mi raccomando, Nicoletta, non arrivare in ritardo;
- dopo un avverbio, una locuzione avverbiale, una interiezione:
    no, non posso venire; a dire il vero, non mi piace molto; accidenti, che bello!;
- dopo *infatti, in effetti, in realtà*:
    ti vedo bene. Infatti, sto benissimo; ieri ha fatto molto freddo. In effetti, il termometro segnava meno dieci; dicono che l'Australia sia un paese caldo. In realtà, non è proprio così;
- prima di *ma, però, tuttavia , anzi*:
    il fegato non mi piace, ma lo mangio; sono molto stanco, però vengo lo stesso; l'Italia è un paese che mi piace molto, anzi moltissimo;
- per separare una frase principale da una frase subordinata di tipo causale, temporale, concessivo, ipotetico :
    non vengo, perché non sono stato invitato; siccome era tardi, non sono più uscito; dopo che ci siamo incontrati, sono tornata a casa; mangio la carne, sebbene non mi piaccia tanto; anche se non ci vediamo da molti anni, siamo sempre molto amici; faccio un viaggio intorno al mondo, se vinco alla lotteria;
- prima e dopo le frasi relative esplicative (non le relative limitative):
    domani, che è domenica, vado a fare una passeggiata; ma: *mi piacciono le persone che frequenti* (senza virgola);

    non seguo i programmi televisivi, che non mi interessano (= tutti i programmi);

    non seguo i programmi televisivi che non mi interessano (= solo certi programmi);

La virgola **non si usa mai** tra soggetto e verbo o tra verbo e complemento oggetto.

La virgola **di solito non si usa** davanti alle congiunzioni *e, né, o, oppure, sia*:
    vuoi frutta o dolce o formaggio?; non voglio né frutta né dolce né formaggio; voglio sia la frutta sia il dolce sia il formaggio;

Il punto e virgola

Indica una pausa intermedia tra il punto e la virgola. Oggi tende a essere usato sempre meno e ad essere sostituito dal punto o dalla virgola. **Di solito si usa:**

- per separare due frasi collegate tra loro all'interno di un periodo:
    non è possibile dare una valutazione quantitativa dei dati raccolti, dal momento che è difficile stabilire l'ampiezza del lessico giovanile; tanto più che le voci raccolte risalgono a momenti cronologici diversi.
- nelle enumerazioni e negli elenchi di unità complesse:
    non dimentico, tra l'altro, le strade del vecchio Friuli di Sgorlon; le colline lucchesi di Tobino da lui tanto amate; la casa di Sciascia nelle colline assolate di Racalmuto; la terrazza sul Tevere di Moravia.

I due punti

Indicano una pausa abbastanza breve e servono a illustrare, chiarire, argomentare quanto detto prima dei due punti. **Si usano** per introdurre:

- una spiegazione:
    mi piace Sydney: è una città molto luminosa; prendi un golf: fa freddo;
- un discorso diretto:
    Socrate disse: "Conosci te stesso";
- un elenco:
    mangio di tutto: carne, pesce, uova, verdure;
- un esempio o una citazione.

Il punto interrogativo e il punto esclamativo

Indicano una pausa netta, come il punto fermo, e denotano rispettivamente l'intonazione ascendente e discendente nelle frasi interrogative ed esclamative:
    come stai? Benissimo!; vieni al cinema stasera? No, non posso. Che peccato! Accidenti, che rabbia!
A volte si usano insieme per esprimere un forte senso di stupore:
    esci con Luigi stasera?!

I puntini di sospensione

In numero di tre, **si usano** per indicare:

- un'interruzione del discorso: *a buon intenditor ...; se sapessi ...;*
- un'omissione voluta nelle citazioni di un brano o di parole dette da altri. In questo caso, i puntini sono inseriti tra parentesi tonde (...) o quadre [...].

Il trattino

Si usa per indicare:

- il taglio di una parola alla fine della riga, secondo le regole della divisione in sillabe;
- due parole giustapposte:
    letteratura greco-latina; condizioni socio-economiche; conflitto Iran-Irak; partita Roma-Lazio; 8-9 dicembre; guerra-lampo; piano-bar; ex-presidente; terapia anti-shock;

La lineetta

Si usa:

- per introdurre o delimitare un discorso diretto (oggi però quasi sempre sostituita dalle virgolette):
  – Stai bene? – gli chiesi. – Sì, sì – rispose;
- negli incisi:
  innanzitutto va segnalato – sulla base del confronto tra le percentuali – un dato di carattere generale;

Le virgolette

Nei caratteri a stampa si distingue tra **virgolette basse** « », **virgolette alte** " " e **virgolette semplici** o **apici** ' '. Nella scrittura a mano sono più frequenti le virgolette alte. **Si usano**:

- per introdurre o delimitare un discorso diretto o una citazione delle parole di qualcuno:
  «Stai bene?» gli chiesi. «Sì, sì» rispose; come dice sempre mio padre «il sonno fisiologico è molto importante»;
- per indicare il titolo di un giornale o di una rivista:
  l'ho letto su «la Repubblica»; «Grazia» è la mia rivista preferita;
- per evidenziare il significato particolare o la stranezza di una o più parole:
  lo sciopero "a gatto selvaggio" è durato una settimana;

Le **virgolette semplici** o **apici** di solito si usano:
- per denotare una parola straniera (a stampa però di solito è scritta in corsivo):
  in questo momento il telefono portatile è molto 'in';
- per dare il significato di una parola o di un'espressione:
  scarana vuol dire 'sedia' in dialetto ferrarese;

Le parentesi tonde e quadre

Le **parentesi tonde** si usano per racchiudere:

- spiegazioni o commenti che non hanno una relazione necessaria con il resto del discorso:
  quanto in lui ci sia del suo cane (o viceversa) non è facile da stabilire;
- la data di pubblicazione di un'opera nelle bibliografie o nel testo di un articolo scientifico:
  Simone R. (1990) ; Crookes (1989) ha dimostrato che ...;
- i puntini che indicano il taglio di una parte del testo in una citazione: *(...)*.

Le **parentesi quadre** si usano:

- per chiarire il significato di una parola o di un'espressione:
  il re [Carlo Alberto] concesse la Costituzione;
- per racchiudere i puntini che indicano il taglio di una parte del testo in una citazione: *[...]*

La sbarretta

Si usa per indicare alternanza tra due possibilità:
  i docenti di materie letterarie e/o scientifiche

Il paragrafo

È un'unità intermedia del testo, fondamentale per l'organizzazione del discorso. La divisione in paragrafi si usa per evidenziare la struttura informazionale, narrativa, argomentativa di un testo e per segnalare la progressione tematica del discorso.

N.B. È utile tener presente che le indicazioni date valgono in linea generale e permettono variazioni soggettive a seconda delle intenzioni espressive o stilistiche di chi scrive.

Ecco infine **due esempi di testi** con la relativa punteggiatura.
Il primo è **un testo letterario di tipo narrativo**:

La casa era di muro e di legno, col tetto spiovente e una siepe di mortella la divideva dalla strada. Era circondata di verde: ai lati un giardino con l'erba rasa, folta, su cui si alzavano radi cespugli di rose. Dietro, un pometo fra i cui filari il prato ridiventava selvaggio. Non c'erano muri, né cancelli, né reti a segnarne i confini.

La porta aveva la maniglia: per entrare bastava abbassarla e in quel gesto l'ombra di un rampicante screziava il braccio, la mano. Io vi arrivai un giorno di estate, all'una del pomeriggio.

Venivo da Roma. L'offerta, da parte di un'organizzazione internazionale di soccorso agli studenti, di quella lunga vacanza, ospite di una famiglia svizzera, era venuta improvvisamente a strapparmi alla vita provvisoria, di fatiche e di entusiasmi, dei primi mesi del dopoguerra. Avevo recenti alle spalle la lotta clandestina, la fame, la mia casa distrutta.

La corriera fermò un po' più su, dove un gruppo di case, discoste fra loro, formava il centro del paese. Ad aspettarmi non c'era nessuno. La strada era deserta. Cercai nella borsa il biglietto con l'itinerario e l'indirizzo, che la responsabile dell'associazione mi aveva consegnato alla frontiera, e lessi ancora una volta «Rudolph Mauser Tierarzt» e poi il nome del paese. [...]

(Luisa Adorno, *Le dorate stanze*, Sellerio 1991)

Il secondo è **un testo giornalistico di tipo espositivo**:

Anche i papà in "permesso maternità"

Roma - *Largo ai «mammi». Anche i padri, se la moglie lavora, potranno correre a casa quando il figlio, dai tre mesi a un anno, ha la febbre o ha bisogno dei genitori. Il diritto ai riposi giornalieri retribuiti è stabilito da una sentenza della Consulta, che riguarda anche le famiglie adottive. Finora la legge del '71 riservava quel diritto solo alla madre, ma è stata dichiarata «in contrasto con i principi costituzionali della parità dei cittadini». Rinunceranno i babbi a un po' di carriera per cambiare i pannolini e accudire la prole quando s'ammala di morbillo? La Corte è stata esplicita: «L'equilibrato sviluppo del bambino esige l'assistenza di entrambi i genitori, superando il concetto della rigida distinzione dei ruoli».*

(la Repubblica, 22/4/93)

INDICE

Amato
Mondo italiano
testi autentici sulla realtà sociale
e culturale italiana
- libro dello studente
- quaderno degli esercizi

Ambroso e Stefancich
Parole
10 percorsi nel lessico italiano
esercizi guidati

Avitabile
Italian for the English-speaking

Barki e Diadori
Pro e contro 1
conversare e argomentare in italiano
livello intermedio
- libro dello studente
- guida per l'insegnante

Battaglia
Grammatica italiana per stranieri

Battaglia
**Gramática italiana
para estudiantes de habla española**

Battaglia
Leggiamo e conversiamo
letture italiane con esercizi
per la conversazione

Battaglia e Varsi
Parole e immagini
corso elementare di lingua italiana
per principianti

Bettoni e Vicentini
Passeggiate italiane
lezioni di italiano - livello avanzato

Bettoni e Vicentini
Imparare dal vivo**
lezioni di italiano - livello avanzato
- manuale per l'allievo
- chiavi per gli esercizi

Buttaroni
Letteratura al naturale
autori italiani contemporanei
con attività di analisi linguistica

Camalich e Temperini
Un mare di parole
letture ed esercizi di lessico italiano

Cherubini
L'italiano per gli affari
corso comunicativo di lingua
e cultura aziendale
- manuale di lavoro
- 1 audiocassetta

Diadori
Senza parole
100 gesti degli italiani

Gruppo META
Uno
corso comunicativo di italiano
primo livello
- libro dello studente
- libro degli esercizi e sintesi di
  grammatica
- guida per l'insegnante
- 3 audiocassette

Gruppo META
Due
corso comunicativo di italiano
secondo livello
- libro dello studente
- libro degli esercizi e sintesi di
  grammatica
- guida per l'insegnante
- 4 audiocassette

Gruppo NAVILE
Dire, fare, capire
l'italiano come seconda lingua
- libro dello studente
- guida per l'insegnante
- 1 audiocassetta

Humphris, Luzi Catizone, Urbani
Comunicare meglio
corso di italiano
livello intermedio-avanzato
- manuale per l'allievo
- manuale per l'insegnante
- 4 audiocassette

**Istruzioni per l'uso
dell'italiano in classe 1**

88 suggerimenti didattici
per attività comunicative

**Istruzioni per l'uso
dell'italiano in classe 2**

111 suggerimenti didattici
per attività comunicative

Jones e Marmini
Comunicando s'impara

esperienze comunicative
- libro dello studente
- libro dell'insegnante

Maffei e Spagnesi
Ascoltami!

22 situazioni comunicative
- manuale di lavoro
- 2 audiocassette

Marmini e Vicentini
Passeggiate italiane

lezioni di italiano - livello intermedio

Marmini e Vicentini
Imparare dal vivo*

lezioni di italiano - livello intermedio
- manuale per l'allievo
- chiavi per gli esercizi

Marmini e Vicentini
Ascoltare dal vivo

manuale di ascolto - livello intermedio
- quaderno dello studente
- libro dell'insegnante
- 3 audiocassette

Paganini
ìssimo

quaderno di scrittura - livello avanzato

Quaderno IT - n. 1

esame per la certificazione
dell'italiano come L2 - livello avanzato
prove del 1994 e del 1995
- volume + audiocassetta

Radicchi e Mezzedimi
Corso di lingua italiana

livello elementare
- manuale per l'allievo
- 1 audiocassetta

Radicchi
Corso di lingua italiana

livello intermedio

Radicchi
In Italia

modi di dire ed espressioni idiomatiche

Spagnesi
Dizionario dell'economia e della finanza

Totaro e Zanardi
Quintetto italiano

approccio tematico multimediale
livello avanzato
- libro dello studente con esercizi
- libro dell'insegnante
- 2 audiocassette
- 1 videocassetta

Ulisse
Faccia a faccia

attività comunicative
livello elementare-intermedio

Urbani
Senta, scusi...

programma di comprensione auditiva
con spunti di produzione libera orale
- manuale di lavoro
- 1 audiocassetta

Urbani
Le forme del verbo italiano

Verri Menzel
La bottega dell'italiano

antologia di scrittori italiani del Novecento

Vicentini e Zanardi
Tanto per parlare

materiale per la conversazione
livello medio-avanzato
- libro dello studente
- libro dell'insegnante

Bonacci editore

Classici italiani per stranieri
testi con parafrasi* a fronte e note

1. Leopardi • *Poesie**
2. Boccaccio • *Cinque novelle**
3. Machiavelli • *Il principe**
4. Foscolo • *Sepolcri e sonetti**
5. Pirandello • *Così è (se vi pare)*
6. D'Annunzio • *Poesie**
7. D'Annunzio • *Novelle*
8. Verga • *Novelle*

9. Pascoli • *Poesie**
10. Manzoni • *Inni, odi e cori**
11. Petrarca • *Poesie**
12. Dante • *Inferno**
13. Dante • *Purgatorio**
14. Dante • *Paradiso**
15. Goldoni • *La locandiera*

Libretti d'opera per stranieri
testi con parafrasi* a fronte e note

1. *La Traviata**
2. *Cavalleria rusticana**
3. *Rigoletto**
4. *La Bohème**
5. *Il barbiere di Siviglia**

6. *Tosca**
7. *Le nozze di Figaro*
8. *Don Giovanni*
9. *Così fan tutte*

Letture per stranieri

1. Marretta • *Pronto, commissario...? 1*
16 racconti gialli con soluzioni ed esercizi per la comprensione del testo

2. Marretta • *Pronto, commissario...? 2*
16 racconti gialli con soluzioni ed esercizi per la comprensione del testo

Mosaico italiano
racconti per stranieri

1. Santoni • *La straniera*
2. Nabboli • *Una spiaggia rischiosa*
3. Nencini • *Giallo a Cortina*

4. Nencini • *Il mistero del quadro di Porta Portese*
5. Santoni • *Primavera a Roma*

Bonacci editore

Linguaggi settoriali

Dica 33
Il linguaggio della medicina
- libro dello studente
- guida per l'insegnante
- 1 audiocassetta

L'arte del costruire
- libro dello studente
- guida per l'insegnante

Una lingua in Pretura
Il linguaggio del diritto
- libro dello studente
- guida per l'insegnante
- 1 audiocassetta

I libri dell'arco

1. Balboni • *Didattica dell'italiano a stranieri*

2. Diadori • *L'italiano televisivo*

3. Micheli • *Test d'ingresso di italiano per stranieri*

4. Benucci • *La grammatica nell'insegnamento dell'italiano a stranieri*

5. AA.VV. • *Curricolo d'italiano per stranieri*

Università per Stranieri di Siena – Bonacci editore

Finito di stampare nel mese di ottobre 1997 dalla TIBERGRAPH s.r.l. - Città di Castello (PG)